Annette Diekmann-Müller

Tannenbaum und Mistelzweig

Annette Diekmann-Müller

TANNENBAUM UND MISTELZWEIG

Die Geschichten unserer Weihnachtspflanzen

Jan Thorbecke Verlag

VERLAGSGRUPPE PATMOS

PATMOS
ESCHBACH
GRÜNEWALD
THORBECKE
SCHWABEN
VER SACRUM

Die Verlagsgruppe
mit Sinn für das Leben

Die Verlagsgruppe Patmos ist sich ihrer Verantwortung gegenüber unserer Umwelt bewusst. Wir folgen dem Prinzip der Nachhaltigkeit und streben den Einklang von wirtschaftlicher Entwicklung, sozialer Sicherheit und Erhaltung unserer natürlichen Lebensgrundlagen an. Näheres zur Nachhaltigkeitsstrategie der Verlagsgruppe Patmos auf unserer Website www.verlagsgruppe-patmos.de/nachhaltig-gut-leben

Bibliografische Information der Deutschen Nationalbibliothek
Die Deutsche Nationalbibliothek verzeichnet diese Publikation in der Deutschen Nationalbibliografie; detaillierte bibliografische Daten sind im Internet über http://dnb.d-nb.de abrufbar.

Vollständig überarbeitete und neu gestaltete Ausgabe des Titels
Weihnachtsstern und Mistelzweig 978-3-7995-3542-7 von 2008

Verlagsgruppe Patmos in der Schwabenverlag AG, Ostfildern
www.thorbecke.de

Gestaltung: Finken und Bumiller, Stuttgart
Umschlagabbildungen: oben: Elisabeth Blackwell: Herbarium Blackwellianum, Nürnberg 1754-1757, UB Erlangen
urn:nbn:de:bvb:29-bv009520009-7
unten: Private Collection, Photo © David Pearson/Bridgeman Images
Druck: Finidr s.r.o., Český Těšín
Hergestellt in Tschechien
ISBN 978-3-7995-2084-3

INHALT

11 **“Deck the halls with boughs of holly“ eine Einführung**

15 **Der Blick weit zurück**

19 **Weihnachtspflanzen**
19 ... im Mittelalter
19 ... im 16. und 17. Jahrhundert
23 ... im 18 Jahrhundert
25 ... im 19. Jahrhundert
28 ... zu Beginn des 20. Jahrhunderts
30 ... in den 30er und 40er Jahren des 20. Jahrhunderts
30 ... seit 1950

35 **Die Pflanzen der Advents- und Weihnachtszeit**

36 **Immergrüne Pflanzen**
45 Tanne
49 Mistel
57 Stechpalme
63 Efeu
67 Buchsbaum
71 Rosmarin

74 **Pflanzen-Produkte aus dem bäuerlichen Umfeld**
79 Apfel
89 Hasel- und Walnuss
95 Stroh

98 Blüten als Winter- oder Weihnachtswunder
103 Barbarazweige
109 Christrose
113 Weihnachtsrosen
121 Rose von Jericho

124 Blüten als dekoratives Weihnachtselement
131 Weihnachtsstern
137 Weihnachtskaktus
141 Ritterstern (Amaryllis)
147 Hyazinthen

150 Früchte aus dem Süden
155 Orange
161 Mandarine
165 Granatapfel

170 **Literatur und Bildnachweis**

Amaryllis

Stechpalme

A Merry Christmas
DESIGN COPYRIGHTED BY RAPHAEL TUCK & SONS CO. "LTD."

"DECK THE HALLS WITH BOUGHS OF HOLLY… "

—

EINE EINFÜHRUNG

Der weiſſe Than- nenbaum. Abies.

Deck the halls with boughs of holly
T'is the season to be jolly ...

In England singt man zu Weihnachten dieses alte walisische Lied und besitzt damit für die Dekoration der Wohnungen oder Häuser mit Pflanzen einen poetischen Ausdruck, der keine deutsche Entsprechung hat. Aber auch ohne prägnante Überschrift stellt der Pflanzen-Schmuck – neben Selbstgebackenem, Bastelarbeiten, dem Weihnachtsessen, Weihnachtsliedern, den Geschenken und vielfach auch dem Kirchgang am Heiligen Abend – einen unentbehrlichen Bestandteil der Advents- und Weihnachtszeit dar.

Dabei wird der Begriff „Pflanzen-Schmuck" der großen Bedeutung der Pflanzen in der Weihnachtszeit nicht gerecht: Kein anderes Fest im Jahreskreis ist so eng mit der Verwendung von Pflanzen verknüpft wie das Weihnachtsfest: Wenn eine (mit Kerzen und/oder Dekorativem bestückte) Tanne im Wohnzimmer steht, ist oder wird es Weihnachten. Zwar ist der Nadelbaum heute das wichtigste pflanzliche „Weihnachts-Accessoire", aber dennoch nur eines unter vielen.

Nadelbäume

DER BLICK WEIT ZURÜCK

Pflanzenschmuck zu einem Fest rund um die Zeit der Wintersonnenwende am 21. Dezember findet sich bereits seit vielen hundert bzw. tausend Jahren. Das Brauchtum von Römern, Kelten und Germanen war grundlegend beeinflusst durch die umgebende Natur, der die Menschen geradezu existenziell ausgeliefert waren. Die Jahreszeiten bestimmten ihr Leben. So schufen sie gerade am Übergang von einer Jahreszeit zu einer anderen Übergangsriten. Insbesondere die Sonnenwende im Winter bot reichlich „Stoff" für eine Vielzahl von Bräuchen, die der Hoffnung auf Wiederkehr des Lebens in dem größeren Zusammenhang des zyklischen Vergehens und Werdens Ausdruck verleihen konnten.

Die Kelten und Germanen, die mitten im Winter die Wiederkehr der Sonne feierten – die Germanen nannten dieses Fest Julfest –, schmückten ihre Behausungen mit immergrünen Zweigen, mit Misteln, vor allem aber mit Stechpalmenzweigen und Efeu, um das Böse abzuwehren. Und auch die Römer dekorierten zu den Saturnalien, einem siebentägigen, pompös gefeierten Volksfest (17.–23. Dezember) zu Ehren des Gottes Saturn, ihre Häuser mit grünen Zweigen. Zusätzlich hatte Kaiser Aurelian im Jahr 274 nach einer gewonnenen Schlacht den 25. Dezember als Festtag des Sonnengottes „Sol invictus" bestimmt.

Als die christliche Kirche ab dem 4. Jahrhundert an Einfluss gewann, trat sie in Konkurrenz zu den „Heiden" und versuchte, ein eigenes Brauchtum zu etablieren. Zunächst war es der Termin des Weihnachtsfestes, den die Kirche festlegte, um den römischen Traditionen Konkurrenz zu machen: In den 30er Jahren des vierten Jahrhunderts n.Chr. wurde vermutlich durch Kaiser Konstantin in Rom der 25. Dezember als Tag von Jesu Geburt – im Grunde willkürlich – bestimmt. Wenn also heute vielfach der Vorwurf erhoben wird, dass der christliche Aspekt des Weihnachtsfestes viel zu kurz kommt oder ganz vernachlässigt werde, dann erinnere man sich daran, dass dieses Mittwinter-Fest sowohl ein Fest des Volkes als auch eines der Kirche war.

Nachdem Papst Gregor der Große am Ende des 6. Jahrhunderts die Adventszeit als dreiwöchige Vorbereitungszeit, das heißt mit vier Sonntagen, angelegt hatte, wurde sie viele Jahrhunderte lang wie die Fastenzeit vor Ostern im Sinne einer Bußzeit begangen.

Im Laufe der Jahrhunderte vermischten sich heidnische und christliche Bräuche. Ganz generell geben und gaben sie Gesellschaften eine Ordnung, und während heute häufig nur noch die äußere Form sichtbar ist, garantierten sie in früheren Zeiten einen inneren Zusammenhalt: In einem begrenzten räumlichen Rahmen konnten sich Rituale entwickeln, welche eine untereinander bekannte Gruppe von einer anderen abgrenzten. Diese erzeugten ein Zusammengehörigkeitsgefühl und konnten mündlich oder schriftlich überliefert werden. Die Kirchen trugen entscheidend dazu bei, Sitten und Gebräuche im Volk zu verankern– die kirchlichen Feiertage und die Namenstage der Heiligen bildeten dabei den Rahmen.

Pflanzen in dieses Brauchtum einzubeziehen lag durchaus auf der Hand, da diese zum unmittelbaren Lebensumfeld gehörten. Sie wurden aber nicht nur einfach als solche wahrgenommen – eine Tanne war eben nicht nur ein tiefwurzelnder Baum mit konischer Krone. Zusätzlich wurden die Pflanzen auf eine zusätzliche Bedeutungsebene erhoben – teilweise auch unabhängig von einer arzneilichen Wirkung – und mit einer Symbolik belegt, so dass letztlich Pflanze und Bedeutung als eine Einheit erschienen. Immergrüne Pflanzen wie Tanne, Mistel oder Stechpalme zu Weihnachten stehen eindeutig für „Hoffnung“: die urmenschliche auf das zurückkehrende Leben im Frühjahr.

Im Übrigen gibt es auch in der chinesischen Kultur mit den sogenannten „Freunden des Winters“ Kiefer, Bambus und Pflaumenblüte eine Kombination von Immergrün und früher Blüte als winterlichem Pflanzenschmuck.

GESEGNETE WEIHNACHTEN

A Merry Christmas
and A Bright New Yea

WEIHNACHTS-PFLANZEN

… IM MITTELALTER

Im Mittelalter wurden immergrüne Zweige als „Wintermaien" durch die Straßen getragen, teilweise geschmückt mit ausgeblasenen Eiern als Fruchtbarkeitssymbol – wobei die christliche Kirche diese Rituale als „heidnisch" ablehnte. Stattdessen ließ sie seit dem 12. Jahrhundert Krippen- oder Paradiesspiele vor den Kirchen oder auf den Marktplätzen aufführen – und in dieser Zeit lässt sich auch erstmals das Wort Weihnachten als „die geweihte Nacht" – *wîhe naht* – nachweisen. Statt immergrüner Zweige wurde ein Apfelbaum oder ein Baum (z.B. Stechpalme), an den Äpfel gehängt wurden, auf die Bühne gebracht, um an den Sündenfall zu erinnern. Ein Pflanzen-Brauchtum entwickelte sich auch um die großen Heiligengestalten der Adventszeit; neben Nikolaus (Äpfel) vor allem um Barbara mit den Barbarazweigen. Apfelbäume, Stechpalmen und Barbarazweige: das waren dann auch die ersten wirklichen Weihnachts-Pflanzen: Pflanzen (oder Pflanzenprodukte), die im christlichen Kontext zu Weihnachten eingesetzt wurden.

… IM 16. UND 17. JAHRHUNDERT

Im Elsass erschienen vermehrt Berichte, die von einem „Weihnachtsbaum" sprechen: Ein Rechnungsbuch des elsässischen Städtchens Schlettstadt, heute Sélestat, verzeichnet, dass am Thomasabend (21.12.) des Jahres 1521 Förster Tannenbäume lieferten. 1539 wurde in einer Urkunde das Aufstellen von Weihnachtsbäumen im Straßburger Münster erwähnt. Im Jahr 1600 findet sich ebenfalls in Sélestat ein Eintrag in der Chronik der „Stubengesellschaft", einer Honorationenrunde aus Bürgern und Handwerkern, dass am Christabend Tannenbäume, die mit Oblaten und Äpfeln behängt wurden, bis Dreikönig (6. Januar) die Herrenstube zierten. Dann durften sie von den Kindern geplündert werden. Gleichzeitig gibt es ebenfalls aus dem Elsass erste Berichte von häuslichen Weihnachtsfeiern, bei denen in den Stuben Tannenbäume aufgestellt wurden, die mit Papierrosen, Äpfeln, Oblaten und Zuckerwerk verziert waren. Sicherlich waren dies Einzelfälle, und in den allermeisten Wohnstuben erfolgte die Dekoration zu Weihnachten auch weiterhin mit Immergrünen, teilweise von der Decke hängend, oder mit Barbarazweigen. Zudem unterbrachen die Wirren des Dreißigjährigen Krieges (1618–1648) die Ausbreitung dieser Bräuche.

Die Berichte über Weihnachtsbäume wurden zahlreicher, und aus dem Umfeld der europäischen Fürstenhöfe, in deren Barockgärten die Gartenkunst einen ungeheuren Aufschwung genommen und bei denen sich eine Blumenkultur auch innerhalb der Häuser entwickelt hatte, gibt es Nachweise von Lichterbäumen. Liselotte von der Pfalz (1652–1722) schreibt 1708 über ein Weihnachtsfest ihrer Kindheit am Fürstenhof von Hannover 1662: *Da richtet man Tische wie Altäre her … Auf diese Tische stellt man Buchsbäume und befestigt an jedem Zweig ein Kerzchen.* Lichter gab es zwar auch schon auf kunstvollen Trägern (Pyramiden, Reifen), und häufig brannte in den Stuben zur Weihnachtszeit ein Licht als Zeichen des Sieges über die Finsternis, als Symbol für Christus schlechthin. Man musste noch teure Wachskerzen verwenden, da billigere Stearinkerzen erst ab 1820 erhältlich sein würden. Mit der Verbindung der beiden ohnehin schon starken Symbole Baum und Licht im „Lichterbaum" verstärkte man beider Wirkung noch und erhielt ein „Produkt", welches an Aussagekraft nicht zu überbieten ist.

Noch einen weiteren Aspekt des Weihnachtsbaumes beschrieb Liselotte von der Pfalz, nämlich den des Kinderbaumes: Nicht selten gab es beim Weihnachtsfest der Adeligen für jedes Kind einen eigenen Baum. Dieser bildete sozusagen die Basis für die Bescherung der Kinder durch das Christkind an Weihnachten, was mit der Zeit gebräuchlich geworden war, nachdem Martin Luther (1483–1546) das Verteilen der Geschenke durch den Heiligen Nikolaus als „katholisch" abgelehnt hatte.

Und: während alle anderen Pflanzen unmittelbar geschnitten in die Häuser transportiert wurden, könnten die Buchsbäume in Töpfen auf den Tischen gestanden haben – gerade Buxus war neben den Zitruspflanzen im 17. Jahrhundert als Kübelpflanze sehr beliebt.

Buchs

Prosperous
Days
with every
Happiness
attend
You.

... IM 18. JAHRHUNDERT

Im Verlauf des 18. Jahrhunderts begann man – insbesondere im universitären Umfeld – Pflanzen wissenschaftlich zu charakterisieren. Nachdem der überragende Botaniker Carl von Linné 1735 sein Werk „Systema naturae“ veröffentlicht hatte, betrachteten seine Schüler und die nachfolgenden Wissenschaftlergenerationen die Pflanzen zunehmend als zu klassifizierende oder klassifizierte Bestandteile des Pflanzenreiches.

Die (Weiß-)Tanne, dieser tiefwurzelnde Baum mit konischer Krone, dessen Zweige mitten im Winter oder zu Weihnachten Hoffnung ausdrücken, wurde in die Pflanzengattung (*Abies*) in der Familie der Kieferngewächse (*Pinaceae*) eingeordnet. Tatsächlich gab es eine gewisse Verwirrung, weil Linné sie 1753 wie die Fichte als Pinus-Art benannte (*Pinus picea*). 1768 gab ihr der Londoner Botaniker Philip Miller den Namen *Abies alba* (Fichte: *Abies picea*) und es sollte noch bis 1930 (!) dauern, bis nach einigen Umbenennungen die endgültigen botanischen Namen festgelegt wurden (heute: Weißtanne – *Abies alba MILL.*, Gemeine Fichte, auch als Rottanne(!) bezeichnet – *Picea abies L.*).

Damit musste aber auch eine Art Ent-Mythologisierung einhergehen. Und dennoch war die Aussage des Tannengrüns so kraftvoll, dass dieses nun zunehmend in zwei Parallelwelten existierte – einerseits in der wissenschaftlichen mit systematischen, pflanzengeographischen und ökonomischen Aspekten, andererseits (sogar zunehmend) in der volkstümlichen.

Frohe
Weihnachten
und ein
glückliches
neues
Jahr

… IM 19. JAHRHUNDERT

Der Lichterbaum setzte sich mehr und mehr in protestantischen Häusern durch, wohingegen in den katholischen Gegenden die Krippe ihren Platz als Zentrum des Weihnachtsfestes zunächst behielt (in Ländern wie Spanien, Italien und Südamerika, teilweise auch in Frankreich – besonders bekannt die in der Provence, aufgestellt am Barbaratag – bis auf den heutigen Tag). Ein geschmückter Baum fungierte in erster Linie als Kinderbaum, wurde mit Nüssen, Äpfeln, Naschwerk und Geschenken behängt und durfte am Heiligen Abend geplündert werden. Er erlangte auch in der Literatur Berühmtheit, wie durch Johann Wolfgang von Goethe, der ihm 1822 in einem Gedicht folgende Zeilen widmete:

> *Bäume leuchtend, Bäume blendend,*
> *Überall das Süße spendend.*
> *In dem Glanze sich bewegend*
> *Alt und junges Herz bewegend –*
> *solch ein Fest ist uns bescheret.*

Auch die ländliche Bevölkerung fand zunehmend Gefallen an dem Aufstellen eines Weihnachtsbaumes. Hier der Bericht eines Gerbergesellen, aus dem Jahr 1836:

> *[Ich] stelzte bald darauf wie ein rechter Niklas zurück [aus dem Wald], indem es leise zu schneien anfing … und die Tanne trug in dem Flockenfall ihre gehörige Last … Konnte also in Ruhe den Baum herrichten … Die Eintretenden falteten andächtig die Hände und vergaßen vor Rührung sich den Schnee abzustreifen. … Vor dem Hause hatten sich inzwischen allerlei Kirchgänger angesammelt, die mit langen Hälsen nach unserem Christbaum lugten*

Im Verlauf des 19. Jahrhunderts änderte sich dann allerdings die Funktion des Weihnachtsbaumes entscheidend: Er trat in den Hintergrund, weil die Geschenke unter den Baum wanderten und nur noch symbolisch als Weihnachtsschmuck an den Zweigen hingen.

Seit der Mitte des 19. Jahrhunderts drängte mit Macht ein weiteres „Accessoire" in die feierliche Gestaltung der Advents- und Weihnachtszeit: der Adventskranz. Kränze an sich waren und sind in der Urform des Kreises in allen Religionen und Kulturen ein Symbol für Vollkommenheit, ewiges Leben und Fruchtbarkeit sowie den Sieg (auch über den Tod) und wurden bzw. werden bei festlichen Gelegenheiten in einer Vielzahl von Bräuchen verwendet.

Radleuchter oder Lichterkronen zu Weihnachten lassen sich bereits seit dem 17. Jahrhundert nachweisen, wogegen der Adventskranz mit seiner heutigen Funktion bzw. Bedeutung 1839 „erfunden" wurde. Der evangelische Theologe Johann Hinrich Wichern, der in Hamburg das „Rauhe Haus", eine soziale Einrichtung, die auch heute noch existiert, zur Erziehung vernachlässigter Jugendlicher gegründete hatte, wollte den Kindern mit einem Lichter-Adventskalender die Vorfreude auf das Weihnachtsfest sichtbar machen:

> *Im Betsaal ist Frühling geworden, und von den grün geschmückten Wänden wittert es uns entgegen, wie Weihnachtsahnung aus dem Tannenwald (Anmerkung: das Tannengrün war noch nicht um den Kranz gewunden!). ... Es ist nichts als ein einfacher Kranz, den der Kronleuchter auf seinem Arm trägt, und auf dem Kranze brennt das erste Licht, ... und kommt ihr morgen, dann brennen schon zwei ..., und jeden Tag eins mehr. Und je mehr Lichter brennen, desto näher rückt Weihnachten und desto froher werden Knaben und Mädchen; und brennt der volle Kranz mit allen 24 Lichtern, dann ist er da, der heilige Christ in all seiner Herrlichkeit.*

Der Schritt zu einem Kranz mit Tannengrün und reduziert auf vier Kerzen war nicht weit – übrigens sollten eingedenk der Wichern'schen Idee die Kerzen nach der Reihe im Kreis angezündet und der Weihnachtsbaum dann sozusagen als End- und Höhepunkt der Adventszeit erst ab dem 25. Dezember erleuchtet werden (bzw. am 24., dem Vorabend, nach Sonnenuntergang).

… ZU BEGINN DES 20. JAHRHUNDERTS

In Deutschland waren der Adventskranz als „Klassiker" mit roten Kerzen (in Süddeutschland erst seit etwa 1930) und der Weihnachtsbaum – nun auch in den Kirchen – nahezu überall etabliert. Das Angebot an Bäumen zum Fest war in den Städten selbst 1917, mitten im Ersten Weltkrieg, enorm, wie sich Albrecht Goes erinnert:

> *Hier nun gab es keine Kaisertannen, aber Bäume genug: Fichten, Rottannen, Weißtannen, Douglastannen, Weymouthskiefern; tausend, zehntausend, ein großer stiller Wald mitten in der Stadt.*

Diese große Auswahl war ein Resultat der mittlerweile intensiv betriebenen Forstwirtschaft, da weder Weißtanne noch Douglasie oder Weymouthkiefer (syn. Seidenkiefer) einheimische Baumarten sind.

Auch die Dekoration der Nadelbäume änderte sich: Der Weihnachtsbaum wurde vom bunten, überladenen Kinderbaum zum edlen, silber-weißen Baum mit Glas-Baumschmuck, welcher häufig natürliche Vorbilder hatte wie Äpfel, Tannenzapfen, Eiszapfen, Vögel oder Nüsse, nachdem die Glasmacher in Thüringen ein Verfahren erfunden hatten, diese herzustellen. Hinzu kamen Lametta, Glitzerwatte und silberne Sterne. Über diese Veränderung findet man 1893 einen (anonymen) Beitrag in der „Gartenlaube", dem ersten erfolgreichen Unterhaltungsmagazin – und erlebt einen Traditionsbruch mit:

> *Wer von uns Älteren hätte wohl in seiner Jugend geglaubt, daß man seinen Christbaum anders schmücken könnte als mit vergoldeten Äpfeln und Nüssen, denen man selbst ihr glänzendes Gewand angezogen hatte, … Heutzutage ist das alles anders. Der Baum muß glänzen, glitzern, funkeln, blenden, daß einem*

die Augen übergehen. Da gibt es ... blitzende Eiszapfen, silbern schimmernde Blüten ... Schmetterlinge und gaukelnde Kolibris ... entzückende Nichtigkeiten, die den Christbaum zu einem Feengeschenk stempeln, das sinnverwirrend und berauschend wirkt.

...IN DEN 30 UND 40ER JAHREN DES 20. JAHRHUNDERTS

Die Nationalsozialisten wussten ganz gezielt das mittlerweile christliche Weihnachtsfest umzudeuten in ein – auch öffentlich begangenes – Julfest, das vorgab, an germanische Traditionen anzuknüpfen. Nun war wieder die Rede von Wintersonnenwende, Jul-Leuchtern und Lichterkränzen, der Heilige Nikolaus wurde zum Sonnenwendmann und das Christkind durch Frau Holle ersetzt. Weihnachtsbäume, Jul-Tannen, sollten mit Fahnen, U-Booten, Waffen und Flugzeugen geschmückt werden. Ob und in welchem Ausmaß diese staatlich angeordneten Vorschriften und Vorschläge in den privaten Haushalten umgesetzt wurden, lässt sich allerdings nicht erheben. In den Kriegsjahren musste die festliche Ausgestaltung des Weihnachtsfestes in den meisten Familien in den Hintergrund treten, wurde die Sorge um Leib und Leben zum Alltag, auch im Dezember. Propagandafilme und -fotos von der Front inszenierten jedoch eine heile Welt – stets stand die Tanne, das Markenzeichen einer deutschen Weihnacht, im Zentrum der Berichte.

... SEIT 1950

Im westlichen Teil Deutschlands gestaltete sich die Weihnachtsdekoration zunächst ganz traditionell – mit Adventskranz und geschmücktem Weihnachtsbaum. Dieser sollte in der DDR allenfalls „Schmuckbaum“ sein (wiederum ohne jeden christlichen Bezug!). Dennoch wurde er in vielen Familien aufgestellt – allerdings sparsam geschmückt, denn der in Lauscha im Thüringer Wald hergestellte Weihnachtsschmuck wurde in den Westen verkauft.

Viele Faktoren bewirkten eine veränderte Gestaltung der Advents- und Weihnachtszeit: Orangen wurden verfügbar und erschwinglich, Weihnachtssterne zunehmend angeboten und gekauft, weitere Früchte und Pflanzen kamen hinzu (im Osten erst nach der Wende), Bräuche aus anderen Ländern wurden übernommen. So veränderte sich ganz langsam die Gestaltung der Advents- und Weihnachtszeit entscheidend: Es wurde bunter, vielfältiger und auch individueller. Wenn man heute von weihnachtlicher Tradition spricht, dann umfasst diese wenige Jahrzehnte – wenn überhaupt. Das Alltagsleben braucht keinen Bezug mehr zur Vergangenheit, die Kirche bietet keine Klammer mehr, die Globalisierung setzt neue Akzente, und die Systeme, an die wir heute „glauben", scheinen abstrakte zu sein. Was übrig bleibt, sieht nach Kulisse aus, und ist es vielfach auch (wenn auf Social Media-Kanälen bereits Anfang Dezember der geschmückte Weihnachtsbaum im Wohnzimmer präsentiert wird).
Und doch erhebt das Entzünden der Kerzen am Adventskranz, das Aufstellen des Weihnachtsbaumes, das Platzieren der Weihnachtssterne, das Beobachten der Hyazinthen bis zur Blüte oder der Verzehr von Äpfeln, Nüssen und Mandarinen die Dezembertage aus dem Alltag zu einem Fest – und damit haben die Pflanzen eine Bedeutung, die sie immer hatten: Sie sind unentbehrlicher Bestandteil eines säkularen oder christlichen Festes zu Weihnachten bzw. „Mitten im Winter".

Clementine

Der rote Thannenbaum. Picea.

Fichte

DIE PFLANZEN DER ADVENTS- UND WEIHNACHTS-ZEIT

IMMERGRÜNE PFLANZEN

Stechpalme

Eine immergrüne Pflanze behält das ganze Jahr über ihre Blätter. Pflanzen, die ihre Blätter länger als ein bis zwei Jahre nicht abwerfen, werden als überwinternd-immergrün, ganzjahres-immergrün oder dauergrün bezeichnet. In diese Kategorie fallen die Koniferen (bis auf die Lärche), die im Zusammenhang mit dem Weihnachtsfest von überragender Bedeutung sind. Sie besitzen Nadel-Blätter, über die sie die Photosynthese betreiben. Die schmale „Nadel" mit einer kleinen Oberfläche, geschützt durch eine Wachsschicht, kann prinzipiell nicht austrocknen, wenn im Winter aus dem gefrorenen Boden kein Wasser aufsteigt.

Nadelbäume sind nur einige unter vielen Pflanzen, die immergrün sind – weitere sind Hartlaubgewächse (u.a. Rosmarin), sowie viele Pflanzen, die in gemäßigt warmen oder trockenen Klimazonen beheimatet sind. Zudem gibt es „Immergrüne", die ihr Laub ständig erneuern – dazu gehören Stechpalme und Buchsbaum – die Blätter fallen zu unterschiedlichen Zeitpunkten zu Boden und es können auch ständig neue erscheinen.

Die jeweils einheimischen immergrünen Sträucher und Bäume gelten seit Jahrtausenden als Sinnbild für das Weiterleben nach der Winterzeit, welches weniger als Winterschlaf und Frühlingserwachen denn als Sterben mit anschließender Wiederkehr verstanden wurde.

In der Zeit der Sonnenwende um den Mittwintertag am 21. Dezember schufen Römer, Germanen und Kelten Übergangsriten zur Stärkung der Gemeinschaft, zur Abwehr böser Mächte und zur Vermehrung von Fruchtbarkeit und Wachstum. Deswegen holten sie sich Zweige oder Bäume, insbesondere solche mit immergrünem Laub, ins Haus, von denen sie sich Schutz vor Dämonen versprachen.

Das Immergrün sollte gute Geister anlocken, zumal man glaubte, dass diese in den Bäumen wohnten. Zudem war das Immergrün das sichtbare Versprechen höherer Mächte, dass das Leben nicht dem Untergang in der Dunkelheit preisgegeben werde – eine Hoffnung, die von Generation zu Generation weitergegeben wurde. Davon zeugt auch die dritte Strophe eines der bekanntesten Weihnachtslieder, welches treffend den Charakter des Immergrünen, auch ohne christlichen Bezug, ausdrückt:

O Tannenbaum, o Tannenbaum,
dein Kleid will mich was lehren:
Die Hoffnung und Beständigkeit
Gibt Trost und Kraft zu jeder Zeit.
O Tannenbaum, o Tannenbaum,
dein Kleid will mich was lehren.

Im Mittelalter hatte es Bestrebungen gegeben, den „heidnischen" Brauch des „Aufsteckens der Tannenzweige" als Aberglauben in Misskredit zu bringen und zu verbieten. Doch er stellte sich als so kraftvoll heraus, dass ab dem Beginn des 16. Jahrhunderts, als man begann, Weihnachten in häuslicher Gemeinschaft, im gesellschaftlichen oder auch kirchlichen Umfeld zu begehen, Tannen oder andere immergrüne Bäume in den Mittelpunkt der Feiern rückten – an einen Platz, den sie nicht wieder räumen sollten. Durch die Jahrhunderte blieben der Tannenbaum und die anderen immergrünen Pflanzen ein Zeichen der Hoffnung, ganz besonders auch in dunklen Zeiten, wie das in einem Brief des Düsseldorfer Schriftstellers Emil Barth vom Weihnachtsfest 1944 zum Ausdruck kommt:

In aller Trauer muss ich mir doch sagen, dass ich vorm Jahre kaum zu hoffen gewagt, das diesjährige Fest noch hier und im heilen Heim verbringen zu dürfen. Wir haben die Zimmer mit ernsten Zweigen geschmückt, auch vom Lebensbaum, der wie vom Grab unserer Jüngstverstorbenen grüßt, und vom dornigen Grün des Ilex, des wilden Lorbeers, den wir im Wald geholt und an den mich so viele, so teure und fruchtbare Erinnerungen knüpfen.

Das Immer-Grün war zu dem zentralen Element der Advents- und Weihnachtszeit geworden – und ist es bis auf den heutigen Tag. Allein in dem Wort „Grün", abgeleitet von dem indogermanischen Verb *ghro* in der Bedeutung von „wachsen" (engl. *to grow*) steckt eine Kraft „aus der Ewigkeit", wie Hildegard von Bingen (1098-1179) formulierte. Sie nannte sie „Viriditas" – von *viridis*, dem lateinischen Wort für Grün.
Dabei gibt es nicht nur das eine Grün, sondern es gibt:

Grün in unendlich vielen Abstufungen und Variationen; mal dunkler, mal heller, mal mehr zu blau, mal mehr zu gelb tendierend. Es kann matt, samtig oder voller Glanz sein. Wie unterschiedlich ist allein das Grün der Koniferen! Klammert man aus der Betrachtung alle Gehölze aus, die herkömmlich als „blau" eingestuft werden ..., so bleiben immer noch Tannen und Fichten, Kiefern, Zypressen und Wacholder, deren Grün stark blau durchsetzt scheint, bei anderen Koniferen scheint aus dem Grün ein Gelb hervor. ... Das Grün des Buchsbaums indes kündet Lebensfreude ... Welch ein Unterschied auch (zu) dem Grün des Efeus ...

AUS: HEINZ BURGHART: KLEINE GÄRTEN – GROSSE LIEBE 1989

Ob für das Arrangement in einer Vase, einen Advents- oder auch Türkranz verwendet, entsteht durch die Verwendung verschiedener Zweigarten ein lebendiger Gesamteindruck. Hier die „Shades of Green“:

Deutscher Name	**Botanischer Name**	**Farbe**
Fichte	*Picea abies*	dunkelgrün bis silbergrau
Blaufichte	*Picea pungens*	stahlblau
Nordmanntanne	*Abies nordmannia*	dunkelgrün
Weißtanne	*Abies alba*	dunkelgrün
Eibe	*Taxus baccata*	dunkelgrün
Lorbeer	*Laurus nobilis*	leuchtend grün
Seidenkiefer	*Pinus strobus*	blaugrün
Waldkiefer	*Pinus sylvestris*	bläulich bis graugrün
Wacholder	*Juniperus communis*	graugrün
Muschelzypresse	*Chamaecyparis obtusa*	dunkelgrün glänzend
Lebensbaum	*Thuja occidentalis*	grüngelb
Douglasie	*Pseudotsuga menziesii*	grün bis blaugrün

KRANZBINDEN

Beim Kranzbinden geht man unterschiedlich vor, je nachdem, ob man einen Advents- oder einen Türkranz binden möchte: Für einen Adventskranz werden Zweige auf einen Reifen gegen den Uhrzeigersinn – die Zweigspitzen verlaufen dann im Uhrzeigersinn – dachziegelartig übereinander gebunden. Die unteren Zweige sollten schräg nach unten verlaufen und die mittige Öffnung etwa die Hälfte des Kranzes betragen. Man besteckt dabei nur die Oberseite und die Seiten des Reifens mit Zweigen. Ein Türkranz sollte dagegen viel flacher gebunden werden, oben dünner sein als unten, und auch auf der Unterseite sollten Zweige die Türe vor Verkratzen schützen.

Tanne

TANNE

O Tannenbaum, o Tannenbaum,
wie grün sind deine Blätter!
Du grünst nicht nur zur Sommerszeit,
nein, auch im Winter, wenn es schneit.
O Tannenbaum, o Tannenbaum,
wie grün sind deine Blätter.

„O Tannenbaum", zunächst ein Liebeslied, wurde 1819 durch August Zarnack (1. Strophe) und 1824 durch Ernst Anschütz (2. und 3. Strophe) zum Weihnachtslied erhoben. Der neue Text spiegelt die Bedeutung des in vielen deutschen, vor allem protestantischen Wohnzimmern angekommenen Nadelbaums: das Weihnachtssymbol schlechthin, die Tanne, welche als Zweig, Kranz oder Baum die Advents- und Weihnachtszeit bestimmt. Die Tanne steht – durch den Schmuck veredelt – im Zentrum des Weihnachtsfests in Norddeutschland seit etwa 1800, in Süddeutschland verzögert im Verlauf des 19. Jahrhunderts als „Christbaum", auch in Österreich seit 1816, in England seit 1840 und in den USA seit 1833. In Skandinavien tanzt die Familie am Heiligen Abend um den Baum (filmisch umgesetzt in Ingmar Bergmanns „Fanny und Alexander"), in Russland wird der Baum (*jolka*) seit etwa 1820 zu Silvester und nicht erst zu dem russisch-orthodoxen Weihnachtsfest am 7. Januar feierlich errichtet.

In europäischen Wäldern sind die Tannen (*Abies sp.*) allerdings rar: Auf hundert Fichten kommt nur eine Tanne. Zwar besiedelten Fichten ursprünglich nur höhere oder kältere Lagen, z.B. in Skandinavien, doch wurden sie seit dem 18. Jahrhundert auch bei uns großflächig angepflanzt und als Holzlieferant genutzt – die Bezeichnung „Brotbaum des Waldbesitzers" zeugt davon. Ausgedehnte Bestände an Tannen gibt es in Europa nur noch in den

Pyrenäen, in Zentralfrankreich, in Polen und auf dem Balkan, in den Vogesen und im Schwarzwald (immerhin ansteigende Bestände).

Unterscheiden kann man die beiden Nadelgehölze dadurch, dass die Tannennadeln, die bis zu elf Jahre alt werden, weich sind und meist auf der Unterseite zwei helle Streifen tragen. Zudem stehen bei den Tannen die Zapfen, die verholzten Blütenstände der Koniferen, aufrecht nach oben und fallen nie als Ganzes ab, weil sie bereits am Baum zerfallen. Bei den sogenannten Tannenzapfen, die ja in der Weihnachtszeit sehr dekorativ eingesetzt werden können, handelt es sich also um Fichtenzapfen.

Als Weihnachtsbaum bevorzugen jedenfalls drei Viertel der Käufer eine Tanne, genauer gesagt die Nordmanntanne (*Abies nordmanniana*), benannt nach dem finnischen Botaniker Alexander von Nordmann (1803–1866), der diese Tannen-Art auf seinen Exkursionen im Kaukasus entdeckte. Charakteristisch ist das besondere Grün der Nadeln und die lange Haltbarkeit. Sie wird heutzutage vor allem in Dänemark in riesigen Plantagen angebaut, welche pro Jahr etwa fünf Millionen Bäume für den Export liefern. Bis ein Baum zwei Meter hoch ist, vergehen etwa zwölf Jahre.

Vielleicht ist das Aufstellen eines lebenden Baumes im Topf – der allerdings nicht länger als zehn Tage im Zimmer stehen sollte – ja doch eine Alternative. Wer leidet beim Lesen von Hans Christian Andersens (1805–1875) Märchen „Der Tannenbaum“ nicht mit dem Protagonisten, der nach vielen Jahren des Hoffens zum Weihnachtsbaum wird, den schönsten Abend seines Lebens als Mittelpunkt der Weihnachtsfeier einer großbürgerlichen Familie erlebt, um dann nach den Feiertagen lieblos entsorgt zu werden?

DER TANNENBAUM IM STÄNDER

Die meisten Weihnachtsbäume stammen aus weit entfernten dänischen Plantagen, haben damit einen langen Transportweg hinter sich (teilweise werden sie monatelang in Kühlhäusern zwischengelagert) und können deswegen fast kein Wasser mehr aufnehmen. Da die Nadeln sehr fest sitzen und auch ohne Wasser 14 Tage bei Raumtemperatur (nachts besser senken) auskommen, sehen die Bäume meist bis zum 6. Januar ganz ansehnlich aus. Eine Wassergabe, mit Glyzerin (30–50 ml auf 1 Liter Wasser), macht nur Sinn, wenn die Bäume frisch (selbst?) geschlagen wurden.

Mistel

MISTEL

Holly ho – Mistletoe!
Wir sitzen gedrängt um den trauten Kamin,
es knattern die Brände, die Kohlen glühen.
Mit der Festzeit Laub ist das Haus bekränzt,
die Tanne duftet, die Stechpalme glänzt,
und vom Balkenknauf, weißbeerig sie,
Lauscht die Mistel nieder, die Schelmin, die!

FERDINAND FREILIGRATH (1810–1876)

Die immergrüne Mistel (*Viscum album*) wächst als Halb-Schmarotzer (das heißt, sie entzieht dem Wirt zwar Wasser und Nährsalze, betreibt die Photosynthese jedoch selbst) in Nord- und Zentraleuropa seit 135 Millionen Jahren auf einer ganzen Reihe von Bäumen. Sie kommt in Mitteleuropa weit verbreitet vor – in drei Unterarten: der Tannenmistel (*V. album ssp. abietis*), die sehr spezifisch Weißtannen besiedelt, der Kiefernmistel (*V. album ssp. austriaticum*), die etwas weniger selektiv außer Kiefern auch einige andere Nadelbäume wählt, sowie der Laubbaummistel (*V. album ssp. album*). Diese wächst nie auf Tannen oder Kiefern, aber dafür auf einer ganzen Reihe von Laubbäumen wie Linde, Weide, Ahorn, Haselnuss, Birke oder Birnbaum, um nur einige zu nennen (Rotbuche und Platane sind dagegen mistelfest und werden nicht besiedelt).

Die kugelförmigen Gebilde werden oft erst erkennbar, wenn im Herbst die Blätter gefallen sind. Ihr ungewöhnliches Erscheinungsbild mit den gegabelten Ästen, an denen paarweise die Blätter sitzen, ihr nach unten gerichtetes Wachstum, die Blütezeit im Februar und die weißen Früchte, die im November sichtbar werden (es dauert dementsprechend neun Monate von der Blüte zur reifen Frucht), regten die Menschen seit Jahrtausenden dazu an, ihr eine magisch-mythische Bedeutung zuzuweisen.

Diese findet sich zum einen bei den Kelten, jener Kultur, die wir heute meist als „Gallier" aus dem „Asterix" kennen. In der Antike besiedelten die Kelten weite Teile Europas, heute wird ihr Erbe in Irland, Schottland, Wales und der Bretagne hochgehalten. Dass wir Kenntnis haben von ihren Sitten, obwohl es den keltischen Priestern, den Druiden, verboten war, ihr Wissen aufzuschreiben, verdanken wir den Schilderungen des römischen Schriftstellers Plinius des Älteren (etwa 23–79). Er schreibt in seinem Hauptwerk „Historia naturalis",

> *Nicht zu vergessen ist hierbei die hohe Mistelverehrung bei den Galliern. Nichts haben die Druiden – so nennen sie ihre Priester – was ihnen heiliger wäre als die Mistel und der Baum, auf dem sie wächst, zumal wenn es eine Wintereiche ist ... Sie heißen in ihrer Sprache die Mistel die „alles heilende". Der Priester ... schneidet mit einer goldenen Sichel die Mistel ab. In einem weißen Mantel wird sie aufgefangen.*

Der Mistelschnitt, der so trefflich von Albert Uderzo (1927–2020) in dem Band „Asterix der Gallier" illustriert wurde, sollte – wenn möglich – an besonders geeigneten Tagen wie dem sechsten Tag nach Vollmond zu Jahresbeginn erfolgen. Dann wurde die Kultpflanze in einer feierlichen Zeremonie dem Zaubertrank beigefügt, in dem sie ihre Wirksamkeit gegen Gifte und Krankheiten aller Art entfalten sollte. Und so wurde sie zum Inbegriff der Abwehr alles Bösen, zum Hoffnungs-, Glücks- und Fruchtbarkeitssymbol.

Im Gegensatz dazu überliefern die Germanen für die Mistel (altnordisch: *mistilteinn*) eine ganz andere Bedeutung: Sie sahen in der Mistel ein Mittel der Aggression, der Verwüstung und des Schädlichen. In der „Edda", der altisländischen Liedersammlung aus dem 13. Jahrhundert mit ihren altnordischen Götter- und Heldensagen, wird der schöne Licht- und Sommergott Baldur durch einen Mistel-Pfeil getötet. Poetisch hat der provenzalische Dichter Paul Arène (1843–1896) diese Ambivalenz poetisch in Szene gesetzt in „Gute und schlechte Misteln“

> *Das sind die Misteln, die ihr braucht; die trügen nicht. Diese Misteln haben den Winter, den Frost und die Kälte überstanden, und sie sind nicht mit dem ersten Sturm vom Baum gefallen ... Ich habe es Euch gesagt: Es gibt gute und schlechte Misteln, so wie es zwei Arten von Liebe gibt – die, die glücklich macht, und die, die unglücklich macht.*

Viſcum polycoccon.

Die Mistel blieb ein wichtiges Element des Volksglaubens, selbst als die katholische Kirche gegen diese „heidnischen" Bräuche vehement vorging – in vielen anglikanischen Kirchen wird es bis heute nicht gerne gesehen, wenn sie im Gotteshaus aufgehängt werden.

Was die Rolle der Mistel als mittwinterlicher bzw. weihnachtlicher Zimmerschmuck angeht, wurde sie verdrängt, als Albert von Sachsen-Coburg und Gotha (1819–1861), der deutschstämmige Prinzgemahl der englischen Königin Victoria, den Weihnachtsbaum um 1840 zunächst am englischen Hofe einführte und dieser im ganzen Land zur favorisierten pflanzlichen Ausgestaltung des Weihnachtszimmers avancierte.

Misteln werden dennoch bis auf den heutigen Tag an zentraler Stelle an der Decke des Wohnraums oder aber auch über einer Tür, einem Tor aufgehängt: *No mistletoe, no luck!*, heißt es. Der Brauch des Küssens unter dem Mistelzweig entspricht dem in Europa weit verbreiteten Brauch (Skandinavien, Frankreich, Rumänien), dass ein Mädchen bald Braut und Mutter wird, wenn es eine Mistel auf einem Apfelbaum findet bzw. wenn Verlobungen unter einer Mistel besiegelt werden. Früher war es üblich, bei jedem Kuss eine Beere zu pflücken, bis mit dem Abnehmen der letzten der Fruchtbarkeitszauber wirken konnte.

In Frankreich erlebten die Bräuche der Vorfahren in der Romantik der 2. Hälfte des 19. Jahrhunderts eine regelrechte Renaissance, in deren Zuge auch die Mistel wieder „aktiviert" wurde. In der Bretagne versammeln sich Kinder einen Tag vor Weihnachten oder an Silvester mit Misteln über der Schulter und ziehen von Haus zu Haus. Der keltische Ausruf der Druiden „O Ghel an Heu" („auf dass der Weizen wachse") wurde zu einem in Frankreich üblichen Neujahrsgruß: „Au gui l'an neuf" (*gui*: französisch für „Mistel"). Während die Mistel im deutschsprachigen Raum zu Beginn des letzten Jahrhunderts eher als dekoratives Element besonders des Jugendstils auf Gebrauchsgegenständen wie Tellern, Vasen oder Lampen, aber auch Schmuck fungierte, setzte sich in den letzten Jahrzehnten auch ihr Einsatz als weihnachtlicher Zimmerschmuck – wie in ganz Europa und den USA – durch.

MISTELN IM EIGENEN GARTEN

Nachdem die Misteln in der Natur in vielen Gegenden rar geworden sind, lohnt sich vielleicht der Versuch, sie im heimischen Garten anzusiedeln. Dazu verletzt man einen Baum, vorzugsweise einen Apfelbaum, ein wenig und drückt die Beere mit dem Samen und dem klebrigen Fruchtfleisch in diese kleine Vertiefung. In der Natur sorgen die Vögel mit ihrem Kot für die Verbreitung der Mistel. Die Chancen sind nicht schlecht, dass ein Keimling sofort einen Saugfortsatz (Haustorium) in den Wirt vorantreibt und die Mistel ihr Wachstum beginnen kann. Nach einem Jahr ist die Pflanze erst einen Zentimeter groß. Sie blüht das erste Mal nach fünf Jahren, und bis eine Kugel von einem Meter Durchmesser erreicht ist, vergehen siebzig Jahre. Man muss allerdings damit rechnen, dass der Ertrag des Baumes über die Jahre abnehmen kann – in der Forstwirtschaft richten Misteln einen ungeheuren Schaden an.

Fröhliche Weihnachten!!!

Aquifolium

1. Blüthe
2. Frücht
3. Saame

Stech-Palm.

STECHPALME

... Und wie, wenn alle Sommerbäume grün
Dastehn und blühn
Die Blätter dieses einz'gen Baumes nie
So glühn wie sie,
Doch spät im öden Winter uns allein
Mit ihrem dunklen Wintergrün erfreun ...

AUS: „DIE STECHPALME" VON ROBERT SOUTHEY (1774–1843)
ÜBERSETZT VON FERDINAND FREILIGRATH (1810–1876)

Die (Europäische) Stechpalme (*Ilex aquifolium*) ist die ideale Weihnachtspflanze: Zum einen sind die lederartigen, stachelspitzig gezähnten Blätter immergrün, und es handelt sich um eine in Westeuropa einheimische Pflanze, die wild in Wald und Hecken oder auch als Solitär ganz unkompliziert wächst und sogar bis zu 300 Jahre alt werden kann. Zum andern vereinen Blätter und die roten Beeren, die sich ab Oktober an den Zweigen finden, ein rot-grünes Farbkonzept auf sehr dekorative Weise in einer Pflanze: Rot, die Farbe des Feuers und des Blutes, eine Farbe mit ambivalenter Ausstrahlung, die sowohl für die Macht über Leben und Tod als auch für Glaube, Erfüllung und Liebe steht, strahlt vor Grün noch mehr.

Die Kelten und Angelsachsen hatten im Winter Stechpalmen (und Efeu) an den Eingängen ihrer Wohnstätten befestigt, um den Geistern und Feen ein Heim zu bieten und sie freundlich zu stimmen, auf dass sie die Wohnungen schützten. Auch die Römer schmückten zu den Saturnalien, ihrem Mittwinterfest, die Häuser mit Ilex-Zweigen – dem Gott Saturn zu Ehren. So wurde die Stechpalme zum Inbegriff des Schutzes vor allem Bösen, weshalb auch Harry Potters Zauberstab aus Ilex-Holz gefertigt wurde!

Zunächst hatte die katholische Kirche den Ilex als „heidnisch" abgelehnt, doch fand sie im Laufe der Zeit Gefallen an der Pflanze und deutete die Beeren als Blutstropfen, die gezähnten Blätter als Dornenkrone und das Grün als Hoffnung: Die Stechpalme wurde zum Symbol für Jesus schlechthin. Aber auch als Palmenersatz (daher Stech-Palme!) am Palmsonntag konnten die Ilex-Zweige sinnbildhaft dienen: Einer Legende nach wuchsen jeder Palme, mit welcher Jesus in Jerusalem begrüßt wurde, Stacheln – im Hinblick auf die Leiden der Karwoche.

Während sich die Verwendung der Pflanze als Weihnachtsbaum in der Schweiz, in Straßburg und im Schwarzwald – typischerweise in Gegenden, in denen es im Winter nicht zu kalt ist, wie dem Oberrheingraben – seit dem 17. Jahrhundert nachweisen lässt, ist die heute übliche Verwendung doch vor allem als Übernahme einer englischen Tradition zu deuten. Denn in England, wo die Stechpalme verbreitet natürlich vorkommt, ist ein Schmuck des Hauses zu Weihnachten mit Stechpalmen seit dem 15. Jahrhundert „flächendeckend" gebräuchlich und wurde, wie durch Charles Dickens (1812–1870) eindrucksvoll beschrieben, zusammen mit Mistel und Efeu zum Inbegriff des Weihnachtsfestes:

> *Es war sein eigenes Zimmer. Daran ließ sich nicht zweifeln. Aber eine wunderbare Umwandlung war mit ihm vorgegangen. Wände und Decke waren ganz mit grünen Zweigen bedeckt, dass es aussah wie eine Laube, in der überall glänzende Beeren schimmerten. Die glänzenden, starren Blätter der Stechpalme, der Mistel und des Efeus warfen das Licht zurück und erschienen wie ebenso viele Spiegel.*
>
> EINE WEIHNACHTSGESCHICHTE. DRITTE STROPHE, DER ZWEITE GEIST

Äußerst populär ist die Stechpalme in den USA, wo Weihnachten ohne *holly*, wie der Ilex auf Englisch heißt, undenkbar ist - ob allerdings der Name Hollywood tatsächlich von den Stechpalmenhecken, die in der Umgebung von Los Angeles vorkommen, herrührt, ist unsicher.

STECHPALMEN IM GARTEN

In Deutschland steht die Stechpalme heutzutage unter Naturschutz. Wer seinen Garten mit einem Ilex-Strauch verschönern will (auch die Haltung als Kübelpflanze ist möglich, dann braucht der Strauch aber einen Winterschutz!), der findet eine Vielzahl von Arten mit ganz unterschiedlicher Wuchshöhe und verschiedenen Blattarten. Die Pflanzen sind zweihäusig (diözisch), das heißt, dass es männliche und weibliche Pflanzen gibt, die nicht zu weit auseinanderstehen sollten, um eine Befruchtung zu ermöglichen. Die Beeren sehen im Übrigen auch ohne Blätter am Ast bzw. auch abgestreift und in einem Glas gesammelt sehr dekorativ aus. Sie sind jedoch giftig: 20-30 Stück können bereits zum Tode führen - die Vögel allerdings schätzen die Beeren, wenn sie nach dem Frost weich geworden sind.

Stechpalme

Efeu

Efeu

EFEU

Eppich, mein alter Hausgesell,
Du bist von jungen Blättern hell,
Dein Wintergrün so still und streng
Veträgt's sich mit dem Lenzgedräng?

CONRAD FERDINAND MEYER (1825–1898)

Eppich ist eine alte Bezeichnung für Efeu, wie auch Ewig, Baumlaub oder Wintergrün. Diese Bezeichnungen erweisen entweder dem Immergrünen Referenz oder seinem Wesen als Kletterpflanze. Efeu, der praktisch in ganz Europa natürlich vorkommt (außer im nördlichen Skandinavien), kann nämlich mithilfe seiner Haftwurzeln an Mauern oder Bäumen bis in eine Höhe von 20 Metern emporklettern – und das eben in Abhängigkeit von und mit der notwendigen Hilfestellung des bewachsenen Partners. Deswegen galt er auch als Symbol für Treue, Freundschaft und Liebe.

Dass Efeu zudem auch noch als Weihnachtspflanze geschätzt wird, liegt an seiner Verwendung durch die Kelten, die diese ausdauernde, kraftvolle „heilige Pflanze“, die bis 350 Jahre alt werden kann, verehrten. Interessanterweise ist dieser Brauch im heutigen Montenegro, dem Land im Südosten Europas, in welches die Kelten etwa 400 vor Christus einwanderten, bis heute erhalten: Dort bekränzt man am Weihnachtsabend seine Tür mit Efeu.

“THE HOLLY AND THE IVY”

Weil Efeu niemals allein existieren kann (wobei die Altersform als Strauchefeu nicht mehr klettert) hatten die Kelten dem Efeu als „weibliches“ Prinzip“ die „männliche“ Stechpalme zur Seite gestellt. Ein in England äußerst populäres Weihnachtslied legt Zeugnis ab von der besonderen Verbindung der beiden Pflanzen: *The Holly and the Ivy*. Die Melodie scheint bereits seit 1000 Jahren als Volkslied gebräuchlich gewesen zu sein, der Text lässt sich bis Jahr 1710 zurückverfolgen-und wurde durch Cecil Sharp (1859–1924), der sich um die traditionelle englische Musik verdient machte, Anfang des 20. Jahrhunderts bekannt und sehr beliebt. Die Weihnachtspflanzen wurden christlich umgedeutet: *Holly* symbolisiert Jesus und *Ivy* repräsentiert Maria:

(1.) *The holly and the ivy,*
Now both are full well grown.
Of all the trees that are in the wood,
The holly bears the crown.
(3.) *The holly bears a berry*
As red as any blood;
And Mary bore sweet Jesus Christ
To do poor sinners good.

Holly und Ivy standen auch Paten für ein viel gelesenes und immer wieder neu aufgelegtes Kinderbuch der englischen Autorin Rumer Godden (1907–1998): Das Mädchen Ivy und die Puppe Holly finden an Weihnachten gemeinsam ein neues Zuhause. 1982 zierten Efeu und Stechpalme eine Briefmarke der englischen Post.

STRAUCH-EFEU (HEDERA HELIX 'ARBORESCENS')

Dabei handelt es sich um die Altersform der Efeupflanze, die nicht mehr klettert. Wenn man ältere Efeupflanzen, die an einem Partner in große Höhen gewachsen sind, mit Stecklingen vermehrt, erhält man einen kugelförmigen Strauch. der bis zu 2 Meter groß und bis 1,25 m breit wird. Charakteristisch sind herzförmige Blätter.

Burbaum. Buxus.

BUCHSBAUM

Nur du, mein kleiner Buchsbaum, pflanzest
Dein grünes Haupt
Dem Frost entgegen, und verhöhnest
Des Winters Macht

AUS: „DER GÄRTNER AN DEN GARTEN IM WINTER"
VON LUDWIG HEINRICH CHRISTOPH HÖLTY (1748–1776)

Der älteste Bericht über eine familiäre Weihnachtsfeier mit einem Weihnachtsbaum ist eine Schilderung von Liselotte von der Pfalz, Herzogin von Orléans (1652–1722), die Tochter des pfälzischen Kurfürsten Franz Ludwig und Ehefrau des Bruders von Ludwig XIV. Sie schrieb in einem ihrer zahlreichen Briefe am 11. Dezember 1708 an ihre Tochter Elisabeth Charlotte rückblickend über eine Weihnachtsfeier am Hannoverschen Hof, die sie dort 1662 erlebt hatte:

Da richtet man Tische wie Altäre her und stattet sie für jedes Kind mit allerlei Dingen aus, wie neue Kleider, Silberzeug, Puppen, Zuckerwerk und alles mögliche. Auf diese Tische stellt man Buchsbäume und befestigt an jedem Zweig ein Kerzchen. Das sieht allerliebst aus …

Der Buchsbaum (*Buxus sempervirens*), einer der wenigen Laubbäume unter den Immergrünen, ist vom Mittelmeergebiet über das Gebiet von Rhein und Mosel bis nach England heimisch. Er war bereits im 16. Jahrhundert in Deutschland weit verbreitet und leitete beispielsweise das 1613 erschienene Prachtwerk des Apothekers Basilius Besler (1561–1629) in der Rubrik „Frühling" ein. Man schätzte an dieser dekorativen Gartenpflanze, die sowohl als bis zu 15 Meter hoch wachsender Strauch in der Varie tät *´arborescens´* als auch als niedrigere Sorte *´suffruticosa‘* zur Beet-Einfassung gepflanzt wurde, ihre glänzenden immergrünen Blätter, die zu jeder Jahreszeit eine Zierde im Garten darstellen.

Sowohl als Beet-Umrandung als auch in Form geschnittener Ornamente oder in Töpfen gehalten, waren die Buchspflanzen im 16. und 17. Jahrhundert sozusagen „en vogue“ in den Gärten der Adligen und der Wohlhabenden, allerdings nicht in Bauerngärten. Darüber hinaus schätzte man das Holz, das schon die Griechen und Römer hoch geachtet hatten – im Übrigen das schwerste und härteste aller in Europa heimischen Hölzer – bei der Herstellung von Gefäßen zur Aufbewahrung, von Waffen (von *buxus* leitet sich die „Büchse“ ab), Holzblasinstrumenten, Druckstöcken oder Kruzifixen. Zudem galten Buchsbäume, die bis zu 600 Jahre alt werden können, als Symbol des ewigen Lebens und waren damit prädestiniert als Attribute des griechischen Gottes der Unterwelt Hades, aber vor allem auch von Maria und Jesus. Heutzutage wird der Buchsbaum volkstümlich vor allem am Palmsonntag verwendet, wenn er als Hauptbestandteil der Palmbuschen gebunden wird.

BUCHS ALS ZIMMERPFLANZE

Obwohl es sich um eine echte Gartenpflanze handelt, kann der Buchsbaum aber auch im Haus eine Zierde sein und durchaus auch dunkle Ecken verschönern – Er ist eher sonnenempfindlich und benötigt ausreichend Bewässerung. Zu beachten ist auch, dass er recht streng duften kann und deswegen vielleicht auf geruchsarme Sorten (*B. microphylla*) zurückgegriffen werden sollte.

Gemeiner Roſmarin.

Roſmarinus coronaria.

ROSMARIN

Nehmt weg das Stroh, nehmt weg das Heu,
ich will mir Blumen holen,
daß meines Heilands Lager sei
auf lieblichen Violen;
mit Rosen, Nelken, Rosmarin
aus schönen Gärten will ich ihn
von oben her bestreuen.

AUS „ICH STEH AN DEINER KRIPPE HIER" 1635– TEXT: PAUL GERHARDT (1607-1676)

Rosmarin (*Rosmarinus officinalis*) verbinden wir heute eher mit einem mediterranen Gewürz, welches im Sommer die Fensterbänke ziert, als mit einer in der Weihnachtszeit verwendeten Pflanze, und doch wird sie seit dem Mittelalter als solche vielfach erwähnt: *In der Christnacht um 12 Uhr sind alle Wasser Wein und alle Bäume Rosmarein*, heißt es im Rheinland. *In der Weihnachtsnacht blüht der Rosmarin*, findet man in englischen Quellen. Konkreter ist da der wiederum aus England stammende Brauch, Rosmarin am Weihnachtsabend auf den Boden zu legen, wo er dann beim Darübergehen seinen Duft entfaltet, oder die Maßgabe, dass Chorsänger am Weihnachtsmorgen Rosmarinzweige am Revers tragen sollten.

Und dann gibt es noch die Legende, dass der Rosmarin seine blauen Blüten (Blütezeit Mitte März bis Ende Mai) erhalten habe, als Maria auf der Flucht ihren Mantel über einen Busch geworfen habe, um sich zu verstecken, und so die ursprünglich weißen Blüten ihre Farbe gewechselt hätten. Vielleicht rührt daher die fälschliche Deutung des Namens als „Rose Mariens" (im Englischen heißt er *rosemary*) – doch stammt der Name von der lateinischen Bezeichnung *ros marinus* („Tau des Meeres"), wie die

Pflanze bei dem römischen Autor Lucius Iunius Moderatus Columella (gest. 70 n. Chr.) genannt wird, bzw. von dem griechischen Namen *rhops myrinos* („balsamischer Strauch"). Diese Benennung wird der im Mittelmeergebiet heimischen Pflanze auch am ehesten gerecht, denn der bis zu 1,70 Meter hohe Strauch duftet das ganze Jahr, auch wenn die Blüten längst verblüht sind.

Rosmarin, der in den antiken Kulturen rund ums Mittelmeer (Ägypten, Griechenland und Rom) besonders als Schmuckpflanze geschätzt und verehrt wurde, war im Mittelalter nördlich der Alpen bereits bekannt. In den jahrhundertelang maßgeblichen Vorschriften zur Gartenanlage, wie dem „Capitulare de villis" Karls des Großen von 812 und dem Sankt Galler Klosterplan (nach 923) wurde er unter den Pflanzen vorgestellt, die zu Zier-, Heil- oder Würzzwecken gepflanzt werden sollten. Dabei war der Anbau des nicht winterharten Rosmarins entweder mit einem Winterschutz oder in Töpfen vorgesehen. Seine Anwendungen waren mannigfaltig: in der Küche zum Würzen von Fleisch, Fisch und Bier, in der Heilkunde mit vielen medizinischen Indikationen. Rosmarin mit seinen nadelförmigen Blättern war aber immer auch eine beliebte Zierpflanze, die wohl in keinem Haushalt fehlte.

Darüber hinaus wurde er zum Symbol erhoben – für Treue, Erinnerung und Unsterblichkeit. Man findet ihn sehr weit verbreitet, besonders in England, entweder ganz allgemein gesprochen zur festlichen Ausgestaltung eines Ereignisses, wie Taufe, Konfirmation, Hochzeit oder Begräbnis, oder als Besonderheit im Alltag wie als Einlage in die Gebetsbücher beziehungsweise auch zu festlichen Anlässen wie Weihnachten.

ROSMARIN ÜBERWINTERN

In milden Gegenden/Lagen kann Rosmarin auch als Beetpflanze den Winter überstehen und verträgt leichte Minusgrade, einige kältetoleranter Sorten wie ´Arp´, ´Blaulippe´ oder ´Majorca Pink´ überstehen sogar Frost bis -20 °C. Idealerweise schützt man den Wurzelbereich mit Laub und die Krone mit Tannenreisigen. Rosmarin im Topf stellt man am besten an einen hellen Platz (bei 10 °C), um die Bildung dünner Lichttriebe zu verhindern. Auf ausreichende Wasserzufuhr ist zu achten, da sonst die Nadeln braun werden oder abfallen.

PFLANZEN AUS DEM BÄUERLICHEN UMFELD

b. Nux Juglans, Noyer, Welsche Nüß, Baum.
a. Nux Avellana Americana sive Ben magnum purgatrix.
c. Nux Juglans fructu maximo, Körbel-Nüsse Wall-Nüsse.

Noch Anfang des 19. Jahrhundert betrug der Anteil der Menschen, die im ländlichen Raum, also nicht in Städten wohnten, in Deutschland 75 Prozent (1960 waren es 28 Prozent und im Jahr 2022 etwa 22 Prozent). Bäuerliche Lebensbedingungen bestimmten daher das Leben der meisten Menschen. Diese verstanden sich als Teil der Natur, die den Tages-, Wochen- und Jahresablauf vorgab. Die Saat, das Wachstum und die Ernte bestimmten ihr Wohlergehen, wie sie das ihrer Vorfahren seit Jahrhunderten beeinflusst hatten. Alles, was die Menschen umgab – die Tiere, die Pflanzen oder das Wetter – wurde zum Gegenstand der Beobachtung und eines von Generation zu Generation weitergegebenen Volks- und Aberglaubens. So erging es auch den Äpfeln, den Nüssen und dem Stroh – allesamt der Natur entnommenen Dingen, mit denen man täglich umging und die darüber hinaus zu Kult-Objekten, auch im Zusammenhang mit dem Weihnachtsfest, umgedeutet wurden.

Apfel

APFEL

Christkind im Walde
... Christkindlein trat zum Apfelbaum,
erweckt ihn aus dem Wintertraum
„Schenk Äpfel süß, schenk Äpfel zart
Schenk Äpfel mir von aller Art."

...Da regnet's Äpfel ringsumher;
Christkindleins Taschen wurden schwer
Die süßen Früchte alle nahm's
Und so zu den Menschen kam's. ...

ERNST VON WILDENBRUCH (1845–1909)

Kulturhistorische Betrachtungen über den Apfel in der Weihnachtszeit beginnen im wahrsten Sinne bei Adam und Eva, als Eva eine Frucht vom „Baum der Erkenntnis von Gut und Böse" pflückte:

Da sah die Frau, dass es köstlich wäre, von dem Baum zu essen, dass der Baum eine Augenweide war und dazu verlockte, klug zu werden. Sie nahm von seinen Früchten und aß; sie gab auch ihrem Mann, der bei ihr war, und auch er aß.

(GENESIS 3,4)

Die „Früchte der Erkenntnis", wie es in der Bibel hieß, wurden ab dem 5. nachchristlichen Jahrhundert als Äpfel gedeutet, als man begann, die Paradiesfrucht zu definieren. Doch zur Zeit der Entstehung des Alten Testamentes gab es am östlichen Mittelmeer keine Äpfel; es müsste sich demzufolge um Feigen, Granatäpfel oder Quitten gehandelt haben.

Den Tag des Sündenfalls beging man im Mittelalter kalendarisch am Vorabend des Weihnachtsfestes, am 24. Dezember, und schuf damit eine enge Verbindung von menschlicher Sünde und Erlösung durch Christi Geburt am 25.Dezember. Damit wurde der Apfelbaum dann zum Paradiesbaum und zu einem wichtigen Requisit bei den Mysterienspielen, die im 10. und 11. Jahrhundert in Nordfrankreich aufkamen, sich rasch in Deutschland, der Schweiz und Österreich ausbreiteten und außerordentlich populär wurden. Vor dem Christgeburts-Spiel wurde das Paradeis-Spiel aufgeführt (als Oberuferer Weihnachtsspiel in den Waldorfschulen bis auf den heutigen Tag). Der Apfelbaum blieb die ganze Zeit auf der Bühne stehen und bildete eine Klammer zwischen beiden Geschehnissen – insofern gelten Apfelbäume auch als mögliche Vorläufer des Weihnachtsbaumes. Im 16. und 17. Jahrhundert wurden diese Spiele auf den Marktplätzen immer drastischer, bis sie schließlich durch die Reformation in Nord- und Mitteldeutschland verboten und durch Christkindelumzüge ersetzt wurden.

Die Äpfel „wanderten" in zahlreichen Kunstwerken des 15. und 16. Jahrhunderts als Zeichen des Heils und der Erlösung in die Hand des Jesuskindes oder Marias, der „neuen Eva" – so reicht beispielsweise Hans Memlings Maria dem Kind einen Apfel (1487) oder Lucas Cranach der Ältere platziert die Madonna mit Kind unter den Apfelbaum (1530).

Äpfel spielen außerdem eine große Rolle bei dem Brauchtum, welches sich um den heiligen Nikolaus entwickelte: Sie finden sich als Nikolausgabe durch alle Jahrhunderte und Länder bzw. Landstriche, in denen dieser die Gaben brachte – ob als „Hauptgeschenkelieferant" wie in Holland als *Sinterklaas* oder reduziert wie in Deutschland oder Österreich. Historisch gesicherte Angaben über Nikolaus von Myra, der vermutlich im 3. oder 4. Jahrhundert in der heutigen Türkei lebte, gibt es nicht. Seit dem 7.

Jahrhundert ranken sich jedoch unzählige Legenden um sein Leben, von denen hier eine erwähnt sei, in der er drei Jungfrauen aus einer finanziellen Notlage half. Er warf ihnen drei Goldklumpen durchs Fenster, die später zu Äpfeln umgedeutet wurden.

Ein regelrechter Kult entstand um den auch heute noch beliebtesten Heiligen. So gab es seit dem 13. Jahrhundert an Schulen Bischofsspiele, in denen er an seinem Ehrentag als „Kinderbischof“ die Kinder ausfragte und beschenkte. Alternativ gab es den sogenannten Einlegebrauch, der auch von Martin Luther noch praktiziert wurde, nach dem heimlich Äpfel, Nüsse oder Süßigkeiten in Strümpfen oder Schuhen versteckt wurden – wobei Luther letztlich den katholischen Heiligen Nikolaus, der die Geschenke brachte, durch das Christkind ersetzte, so dass in der Folge in Gegenden mit überwiegend protestantischer Bevölkerung ein Teil der Nikolausbräuche auf das Weihnachtsfest überging.

Oder der Nikolaus zog wie vielfach noch heutzutage am 6. Dezember bzw. am Vorabend von Haus zu Haus (Einkehrbrauch). Begleitet wurde er dabei von – je nach Landstrich unterschiedlichen – Gestalten, die mehr oder weniger schrecklich angelegt waren (auch alleine unterwegs waren...), z.B. der Schwarzen Berta, dem Zwarten Piet, Hans Muff oder Knecht Ruprecht. Dieser erscheint in dem wohl bekanntesten Nikolausgedicht von Theodor Storm (1817–1888) und verteilt Äpfel:

... „Hast denn das Säcklein auch bei Dir?“
Ich sprach: „Das Säcklein, das ist hier;
Denn Äpfel, Nuss und Mandelkern
essen fromme Kinder gern. ...

AUS: „VON DRAUSS VOM WALDE KOMM' ICH HER“

Eher unbekannt ist eine Textstelle aus demselben Gedicht:

So nehmet denn Christkindleins Gruß,
Kuchen und Äpfel, Äpfel und Nuß;
Probiert einmal von seinen Gaben,
Morgen sollt ihr was Besseres haben.
Dann kommt mit seinem Kerzenschein
Christkindlein selber zu euch herein.
Heut hält es noch am Himmel Wacht;
Nun schlafet sanft, habt gute Nacht.

Ganz deutlich erscheint hier das Verteilen von Nüssen und Äpfeln mit Hinblick auf das eigentliche Weihnachtsfest. Wenn nicht das Christkind selbst die Äpfel als Gabe brachte:

Denkt Euch, ich habe das Christkind gesehen,
Es kam aus dem Walde das Mützchen voll Schnee,
Mit rotgefrorenem Näschen,
Die kleinen Hände taten ihm weh,
denn es trug einen Sack, der war gar schwer,
... was drin war, möchtet Ihr wissen?
... zugebunden bis oben hin!
Doch war gewiss etwas Schönes drin!
Es roch so nach Äpfeln und Nüssen.

ANNA RITTER (1865–1921)

Äpfel waren aber auch bis weit ins 19. Jahrhundert der gebräuchlichste Weihnachtsbaumschmuck – zusammen mit Nüssen, Papierrosen, Backwaren oder Oblaten, wie Adalbert Stifter (1805–1868) dies in „Weihnacht“ so eindrucksvoll beschreibt:

> *Und auch die Türe aus der Stube der Waldhütte öffnet sich in die Kammer hinaus, und die Kinder gehen durch die Tür, und auf einem Baume mit mehreren Lichtlein hängen wunderbare goldene Nüsse und goldene Pflaumen und Äpfel und Birnen und Backwerk und anderes Liebes …*

Nachdem es Glasmachern in Thüringen gelungen war, Kugeln aus Glas zu blasen und im Inneren zu versilbern, wurden die Äpfel ab 1880 durch Weihnachtsbaumkugeln ersetzt.

Die zu der Familie der Rosengewächse gehörige Gattung *Malus* umfasst etwa 50 verschiedene Arten. Die Vorläufer unserer heute erhältlichen Kulturäpfel (*M. domestica*) entstanden vermutlich vor 20 Millionen Jahren in einem Gebiet zwischen dem Himalaya und dem Kaukasus. Der asiatische Wildapfel (*M. sieversii*) breitete sich nach Westen aus und traf dort auf den ebenfalls aus Asien eingewanderten, als Wildform seit der jüngeren Steinzeit auch in Mitteleuropa bekannten Holzapfel (*M. sylvestris*), als die Römer mit bereits ausgefeilten Kenntnissen der Veredelung und Erhaltung neuer Kultursorten nach Germanien kamen.

Nach den verbindlichen Vorschriften Karls des Großen zum Gartenbau, in denen der Apfelanbau eine besondere Rolle einnimmt, übernahmen viele Klöster das Erbe der Römer und entwickelten es weiter, insbesondere im Hinblick auf ertragreichere Sorten. Äpfel fehlten seit dem 16. Jahrhundert in keinem Garten. Im Laufe der Jahrhunderte wurden Tausende von Apfel-Sorten gezüchtet, seit etwa 100 Jahren professionell, von denen jeder Deutsche heute im Jahr durchschnittlich 22,4 Kilogramm verzehrt – damit sind die Äpfel immer noch die beliebteste Obstsorte.

ROTE ÄPFEL

In der Adventszeit farbgebend sind rotschalige Sorten wie ´Red Elstar´, ´Red Jonaprice´ oder ´Rote Sternrenette´ (neuerdings gibt es sogar rotfleischige Sorten) – häufig werden sie als Nikolausäpfel bezeichnet. Sie besitzen einen hohen Gehalt an Anthocyanen, pflanzlichen Farbstoffen, die wegen ihrer antioxidativen Eigenschaften als besonders „gesund" gelten. Sehr dekorative kleine Äpfel, die man in Gestecke oder Kränze einarbeiten kann, liefert der auch in unseren Breiten als Zierstrauch oder -baum angepflanzte Japanische Apfel (*M. floribunda*).

Apffelbaum. Malus.

Apfel

Frohe Weihnachten!

aselnüsse. Nuces Ponticæ, Prænestinæ, Auellanæ.

Haselnuss

HASEL- UND WALNUSS

Gott schenkt uns die Nüsse,
aber er knackt sie uns nicht auch noch.

RUSSISCHES SPRICHWORT

Auch die Nüsse erscheinen wie die Äpfel als unverzichtbarer Bestandteil der Advents- und Weihnachtszeit. Seit es Weihnachtsbäume gibt, hängen sie als Schmuck am Baum: naturbelassen, in Ketten oder auch vergoldet – in den Zeiten vor Erfindung des Goldsprays war das eine durchaus mühsame Angelegenheit, musste man doch Blattgold mit einem speziellen Öl auf die Nüsse kleben:

Am Abend nach dem Essen wurde der Schmuck für den Christbaum erzeugt. Auch das war ein unheilschwangeres Geschäft. Damals konnte man noch ein Buch echten Blattgoldes für ein paar Kreuzer beim Krämer kaufen. Aber nun galt es, Nüsse in Leimwasser zu tauchen und ein hauchdünnes Goldhäutchen herumzublasen. ... und dann geschah es plötzlich, dass jemand niesen musste. Im gleichen Augenblick segelte eine Wolke von glänzenden Schmetterlingen durch die Stube.

AUS: „ADVENT" VON KARL HEINRICH WAGGERL (1897–1973)

Der Haselnuss-Strauch (*Corylus sp.* aus der Familie der Birkengewächse), der in Europa und der heutigen Türkei – heute das Hauptexportland – beheimatet ist, wächst wild an Waldrändern und Feldhecken; in der Mittleren Steinzeit war er sogar das dominierende Gehölz in Mitteleuropa. Seit jeher faszinierte er die Menschen, zumal die Früchte ohne Kosten und Aufwand verfügbar waren und sich lange hielten – es gab allerdings die Vorschrift, dass Fremde nur eine Handvoll Haselnüsse mitnehmen durften.

Hasel- und Walnüsse sind „echte“ Nüsse“, bei denen der Samen von einer verholzten Fruchtwand eingeschlossen ist. Die lange vorherrschende Einschätzung, dass Walnüsse wegen ihrer Hülle als Steinfrucht zu klassifizieren sind (wie z.B. Kirschen), ist wohl falsch, da nachgewiesen wurde, dass die grüne Hülle um die Walnuss nicht aus den Blüten, sondern ausschließlich aus Blättern gebildet wird. Der Walnussbaum (*Juglans regia* aus der Familie der Buchengewächse) ist eine Kulturpflanze, die im ersten nachchristlichen Jahrhundert von den Römern in Mitteleuropa verbreitet wurde. Er ist frost- und kälteempfindlich und trägt Früchte erst nach zehn bis zwanzig Jahren – und das auch nicht in jedem Jahr in gleichem Maße.

Die Beliebtheit der beiden Nusssorten rührt daher, dass es sich bei ihnen um äußerst lagerfähige Nahrungsmittel handelt. In der Weihnachtszeit werden die beiden Früchte unter dem Sammelnamen „Nuss“ subsumiert, und die Symbolik der einen wurde häufig auf die andere übertragen. Gemeinsam ist ihnen die nahe liegende Sinnbildlichkeit für die Fruchtbarkeit.

Darüber hinaus steht die Haselnuss als das im Jahr am frühesten blühende einheimische Gehölz für den Frühling und den glückhaften Beginn und somit im übertragenen Sinne auch für das Glück, sodass Haselnüsse zu Weihnachten und Neujahr als Zeichen der Liebe – verbunden mit guten Wünschen – verschenkt wurden. In Italien, England und im Südwesten Deutschlands ist es Brauch, der Braut einen Korb mit Haselnüssen oder Walnüssen zu überreichen oder das Brautpaar mit Nüssen zu bewerfen.

Zudem wurde dem Haselnuss-Strauch eine Unheil abwehrende Kraft zugeschrieben, die auch Gegenstand zahlreicher Legenden ist, die sich um das Christuskind ranken: In „Die Haselrute“, zu finden im Anhang der Grimm'schen Kinder- und Hausmärchen, will Maria für das Jesuskind Erdbeeren pflücken. Sie wird dabei von einer Natter überrascht, findet Schutz in einem Haselstrauch und ver-

leiht diesem aus Dankbarkeit eine Schutzwirkung gegen Schlangen. In der Legende „Vom Haselstrauch", nacherzählt durch Walter Schmidkunz in „Christusmärchen" (1980) findet Maria auf der Flucht bei einem Gewitter Schutz unter einem Haselstrauch, dem sie eine Blitz abwehrende Wirkung verleiht – und tatsächlich schlagen Blitze nur äußerst selten in Haseln ein.

Die Walnussbäume, die nach ihrem vermehrten Anbau in Mitteleuropa den Haselnüssen den Rang abliefen, imponieren bereits durch ihren Wuchs, sodass bei den Bäumen selbst wie auch den Früchten besondere Kräfte vermutet wurden. Die auch als Christnüsse bezeichneten Früchte inspirierten zu Sinnbildern wie solchen für Christus (Passion, Kreuz, ewiges Leben), die Kirche (süße Tugend in hartem Kern) oder den Menschen selbst (Fleisch, Knochen, Seele). Entsprechend kommt auch dem Nüsse-Knacken eine – über den Vorgang als solches hinausreichende – geistige Dimension zu.

König Nussknacker, so heiß ich.
Harte Nüsse, die zerbeiß ich.
Süße Kerne schluck in fleißig
Doch die Schalen, ei die schmeiß ich
Lieber anderen hin.
Weil ich König bin.

AUS: „LIED DES NUSSKNACKERS"
VON AUGUST HEINRICH HOFFMANN VON FALLERSLEBEN (1798–1874)

In der Slowakei hat das Walnussknacken am Weihnachtsabend noch eine besondere Bedeutung: Nachdem man zunächst nach dem Essen Nüsse als Glücksbringer durch das ganze Zimmer geworfen hat, knackt man die Nüsse und versucht, durch das Begutachten der vier Nuss-Segmente herauszulesen, welches Glück oder Unglück im nächsten Jahr bevorsteht.

NUSS-ERNTE

Hasel- und Walnüsse reifen Ende September bis Anfang Oktober: Erst wenn die Nüsse von selbst vom Baum fallen, sind sie wirklich reif und schmecken gut (Das Volkslied „Ging ein Weiblein Nüsse schütteln..." beschreibt den Sachverhalt dementsprechend unrichtig). Sind sie erst herabgefallen, sollten sie möglichst schnell aufgesammelt werden, so dass sie nicht schimmeln. Nach der Ernte müssen sie noch 4–6 Wochen trocknen – mehrmals in der Woche sollten die Nüsse gewendet werden (Walnüsse durchrütteln).

Welsch Nuß. Nux iuglans.

Weitzen. Triticum.

STROH

> *...Da liegt es, das Kindlein, auf Heu und auf Stroh*
> *Maria und Josef betrachten es froh ...*
>
> AUS: „IHR KINDERLEIN KOMMET"/ TEXT: CHRISTOPH VON SCHMID (1768–1854) IM ORIGINALGEDICHT: „DIE KINDER BEY DER KRIPPE"

Keine andere in der Weihnachtszeit verwendete Pflanze bzw. kein anderes pflanzliches Produkt hat eine so unmittelbare Beziehung zum Leben unserer Vorfahren wie das Stroh, die getrockneten Halme von gedroschenem Getreide. Denn der Umgang mit diesem, welches das Leben und den Jahreslauf der Menschen seit Jahrtausenden prägt und bestimmt – mit dem Bangen um das Keimen der Saat, der Freude über eine gelungene bzw. dem Entsetzen über eine misslungene Ernte – wies auch dem Stroh eine besondere Bedeutung bei den Ernte- und Mittwinterfesten zu.

Feldfrüchte wie Emmer und Einkorn (*Triticum sp.*, ein Weizenvorläufer) sowie Gerste (*Hordeum vulgare*) waren bereits vor 10 000 Jahren angebaut worden und wurden in allen antiken Kulturen (Ägypter, Griechen, Römer) als Fruchtbarkeits- und Reichtums-Symbol auf verschiedene Weise religiös verehrt. Auch im Christentum war Getreide ein zentrales Symbol von Christus' Tod, Auferstehung und Gegenwart, von Fruchtbarkeit allgemein und von Maria. Sein „Glanz" färbte auch auf das Stroh ab, eigentlich einem Abfallprodukt der Getreidegewinnung (obgleich in der Tierhaltung von großer wirtschaftlicher Bedeutung). Darauf weisen die zahlreichen Darstellungen eines auf Stroh gebetteten Gottessohnes in der Kunst (z.B. Peter Paul Rubens, Anbetung der Hirten, 1606) bzw. das Betten des Christkindes auf Stroh in den aufgestellten Krippen hin.

Besonders vielfältig findet sich das Stroh als Teil von Weihnachtsbräuchen in Skandinavien: Weit verbreitet war der Brauch des Schlafens im Jul-Stroh (auch in Osterreich und Böhmen praktiziert): Im Weihnachtszimmer wurde auf der Erde Stroh ausgebreitet, auf welchem die ganze Familie die Weihnachtsnacht oder sogar die ganzen zwölf Raunächte verbrachte. Die Raunächte begannen am 21. Dezember, der längsten Nacht des Jahres, oder dem 24. Dezember. Germanischen Mythen zufolge stürmte in dieser Zeit die wilde Jagd, ein gespenstisches Heer von Toten, angeführt vom Gott Wotan, über den Himmel.

Skandinavischen Ursprungs ist auch der Julbock, ein Ziegenbock aus Stroh, eigentlich zunächst ein mit einer Strohmaske verkleideter Mann, der in der Zeit der Raunächte in Erinnerung an die Ziegenböcke des Donnergottes Thor zum Schutz der Dorfeinwohner von Haus zu Haus zog oder auch mit den Teilnehmern der Umzüge Gelage feierte. Er wurde später zu einem Gabenbringer umgedeutet. Heutzutage wurde er in Schweden – im Gegensatz zu Finnland – durch eine Art Zwerg, den Nisse, abgelöst und fungiert (wie auch bei uns) als reines Dekorationsobjekt.

Einen weiteren Brauch, der sich um das Weihnachts-Stroh dreht, kennt man in Litauen: Unter der Tischdecke verbirgt sich ein Büschel Stroh, welches als Orakel dient und den jungen Mädchen nach dem Ziehen eines Halmes vorhersagt, wie potentielle Bewerber aussehen werden oder ob sogar ein Kindersegen ins Haus steht.

Strohsterne kann man heute kaufen oder auch in jedem Schwierigkeitsgrad selbst anfertigen. Sie gehörten jedoch gar nicht – wie man vermuten sollte – zum gängigen Weihnachtsbaumschmuck vergangener Jahrhunderte (wie die Äpfel bzw. Kugeln oder die Nüsse). Zwar findet man sie seit dem 19. Jahrhundert z.B. in Ostpreußen an Weihnachtsbäumen, doch wurden sie erst seit den 60er Jahren im Rahmen der „Zurück zur Natur"-Bewegung populär.

Weit weniger bekannt – und doch häufig praktiziert – ist die Tradition der Weihnachtsweizen-Saat. Sie wurde verknüpft mit den Namenstagen der beiden Heiligen Barbara (4. Dezember) oder Lucia (13. Dezember) und man sprach dementsprechend auch von Barbara- oder Luciaweizen. Weizenkörner wurden auf einen Teller mit Erde gesät und bis zum Weihnachtsfest wiederholt gewässert. Anhand der Dichte, der Farbe und der Saftigkeit der Blätter des gekeimten Weizens wurde die Qualität der Ernte im nächsten Jahr vorhergesagt (Orakelfunktion). Dieser explizit katholische Brauch wird bis zum heutigen Tag gepflegt beispielsweise in Österreich, Ungarn oder Kroatien, wenn am Heiligen Abend der ergrünte Teller, dann mit einer Kerze versehen, zu Ehren von Jesu Geburt auf dem Esstisch steht.

STROH-KUNDE

Weizenstroh ist die häufigste Stroh-Sorte in Deutschland (20 Millionen Tonnen Weizenstroh fallen jedes Jahr bei der Ernte an) – es ist goldgelb und relativ blattreich. Gerstenstroh fühlt sich wesentlich weicher an als andere Sorten. Roggen-Stroh hat die längsten und härtesten Stängel (höchster Lignin- und Rohfaser-Gehalt). Stroh als Bastelmaterial ist nur ein Nischenprodukt – man benötigt (unverzweigte) Halme von mindestens 22 cm Länge, die heutzutage aus China importiert werden, da in Europa vor allem Getreide mit kurzen (verzweigten) Halmen gezüchtet wurde. Nebenbei: es sind auch wieder echte Stroh-Trink-Halme erhältlich.

BLÜTEN ALS WINTER- ODER WEIHNACHTS- WUNDER

Christrose

III.
Rosa Milesia rubra flore simpl:

Blühende Blumen zu dem Zeitpunkt im Jahr, an dem es am dunkelsten und die Sehnsucht nach der Wiederkehr des Lebens im Frühjahr am größten ist, setzen auch ohne christlichen Hintergrund ein wundersames Zeichen, wie ein Tiroler Volkslied beschreibt:

Es blühen die Maien, bei kalter Winterszeit
ist alles im Freien auf unsrer Schäferweid'.
Ja alles blüht in schönster Pracht.
Die Erd' hat süßen Duft gebracht ....

Andererseits verstärken blühende Pflanzen aber auch das Wunder der Christnacht, in der auch Wasser zu Wein wird und Tiere reden können:

Christkind im Walde
Christkind kam in den Winterwald,
der Schnee war weiß, der Schnee war kalt,
doch als das heil'ge Kind erschien,
da fing's an, im Winterwald zu blüh'n.

ERNST VON WILDENBRUCH (1845–1909)

Und da die Menschen in früheren Zeiten mit der Natur viel mehr verbunden waren, als das heute der Fall ist, sind die Blütenwundern Barbarazweige, Christrose oder Rose solche, die der natürlichen Umgebung der Menschen entstammen. Nur die Rose von Jericho ist sozusagen ein wundersames Souvenir der Kreuzritter und Pilger aus dem Heiligen Land.

Kirsche

BARBARAZWEIGE

Am Barbaratage holt' ich
Drei Zweiglein vom Kirschenbaum,
Die setzt' ich in eine Schale,
Drei Wünsche sprach ich im Traum.

Der erste, daß einer mich werbe,
Der zweite, daß er noch jung,
Der dritte, daß er auch habe
Des Geldes wohl genug.

Weihnachten vor der Metten
Zwei Stöcklein blühten zur Frist: –
Ich weiß einen armen Gesellen,
Den nehm ich, wie er ist

MARTIN GREIF (1839–1911)

Das Schneiden der Barbarazweige kennen wir zunächst als einen Barbara-Brauch (neben Barbarabrot, Barbaralicht und Barbaraweizen) zu Ehren der heiligen Barbara (236–305), der zum Christentum übergetretenen Tochter aus vornehmem Hause, die nach der Legende von ihrem heidnischen Vater aus Zorn über ihr christliches Bekenntnis getötet wurde. Der Namenstag dieser neben Nikolaus zweiten bedeutenden volkstümlichen Heiligengestalt der Adventszeit ist der 4. Dezember. Eine Legende stellt einen Zusammenhang zwischen Barbara und den Zweigen her: Auf dem Weg ins Gefängnis soll sich ein Kirschzweig in ihrem Gewand verfangen haben, der von ihr ins Wasser gestellt wurde und zu blühen begann.

Mit dem Schneiden der knospigen Zweige – verwendet werden hauptsächlich Kirschzweige – verbindet sich die Hoffnung, dass diese zu Weihnachten blühen und etwas von der Kraft der Natur, die auf das Frühjahr hindeutet,

mitten im Winter sichtbar werden lassen. Das Datum des Schnitts am Namenstag der Heiligen ist jedenfalls (sicher nicht zufällig) günstig gewählt, da in ständig geheizten Wohnzimmern Obstzweige mit Knospen ungefähr drei Wochen benötigen, bis sie blühen. Es war, wie z.B. in Schwaben bis 1850, durchaus auch üblich, Barbarazweige wie einen Weihnachtsbaum mit Äpfeln, Birnen, Nüssen und Springerle zu behängen.

Im Zusammenhang mit dem Barbarabrauch finden sich seit dem 15. Jahrhundert eine Vielzahl von Volksbräuchen, insbesondere solche, in denen die Zweige als Orakel fungieren. Beim Orakel geht es nicht um Abwehr oder Zauber, sondern nur darum, die Zukunft im Verborgenen aufzuspüren, um vorherzusehen und gegebenenfalls eingreifen zu können. Dabei gab es häufig Anweisungen, wann genau die Zweige zu schneiden seien: nur mittags zwischen 11 und 12 Uhr, bei Dunkelheit stillschweigend, vor Sonnenaufgang oder beim Vesperläuten (gegen 18 Uhr): Für jedes Familienmitglied wurde ein Zweig in die Vase gestellt – Zweige, die sich am besten entfalteten, versprachen das meiste Glück im neuen Jahr. Alternativ ordneten heiratswillige Mädchen jedem in Frage kommenden Verehrer einen Zweig zu und suchten so den besten aus. Vor allem aber wurde an dem Erblühen der Zweige abgelesen, ob die Ernte im neuen Jahr gut verlaufen würde.

Und tatsächlich kann ein geübter Obstbauer recht gut abschätzen, in welche Richtung sich eine Knospe entwickeln wird. Gut entwickelte Seitenknospen sowie in der Regel alle endständigen Knospen bringen meistens einen Blütenstand hervor, schwache Knospen bilden hingegen nur Blattanlagen oder verkümmern ganz. Auf den Fruchtertrag kann man anhand der Knospen jedoch nur bedingt schließen, da unter guten Blühbedingungen nur etwa fünf Prozent der Kernobstblüten Früchte ansetzen müssen, um einen Vollertrag zu erzielen. Es bedarf schon sehr ungünstiger Bedingungen (z.B. Kälteperioden zur Blute oder Spätfröste), dass dieser Wert unterschritten wird.

BLÜTENPRACHT IM WINTER

Um dem Blühen der Zweige „auf die Sprünge“ zu helfen, täuscht man den Frühlingsbeginn vor und regt die Blütenbildung an, indem man die Zweige zunächst ein paar Stunden ins warme Wasser legt und dann in eine Vase stellt. Voraussetzung ist allerdings, dass es zu diesem Zeitpunkt schon gefroren hat. Sollte das nicht der Fall sein, ersetzt eine Nacht im Gefrierschrank die Winterruhe. Geeignet sind außer den bereits erwähnten Kirschen alle früh blühenden Gehölze.

Barbarazweig

Christrose

Helleborus niger legi-
timus.

CHRISTROSE

... Doch kindlich zierst du, um die Weihnachtszeit,
Lichtgrün mit einem Hauch dein weißes Kleid.

AUS: DIE CHRISTBLUME VON EDUARD MÖRIKE (1804–1875)

Während die Barbarazweige zu Weihnachten nur blühen, wenn man sie ins Haus holt, und die weihnachtliche Blüte der Rosen eher symbolisch aufzufassen ist, bietet die Christrose (synonym: Christblume, Weihnachtsblume, Weihnachtsrose, Schneerose) seit Jahrhunderten in mitteleuropäischen Gärten ein einzigartiges, konkurrenzloses Blütenwunder-Schauspiel: Aufgrund ihrer wunderschönen reinweißen Blüten – eigentlich sind es Kelchblätter – wurde diese Pflanze in vergangener Zeit regelrecht verehrt.

Die in den Alpen beheimatete Pflanze, die in Höhen bis zu 1900 Meter vorkommt und somit an Kälte angepasst ist, gelangte bereits im 12. Jahrhundert in Mitteleuropa in die Gärten. Dort diente sie nicht nur als Zierpflanze, denn bereits die Griechen und Römer hatten die Heilkraft der Christrose (*Helleborus niger*) entdeckt und therapierten Wahnsinn und Epilepsie mit einem Pulver, das aus dem charakteristisch schwarzen (lat. *niger*, „schwarz") Wurzelstock (Rhizom) gewonnen wurde. Das Pulver löste ein Niesen aus – daher auch der bei uns gebräuchliche Name Nieswurz und die Verwendung als Niespulver, auch in Schnupftabakmischungen.

Über die konkrete Anwendung als Arzneimittel hinaus, die durch die Jahrhunderte in nahezu jedem Kräuter-/Arzneibuch beschrieben war (heute aufgrund ihrer giftigen Inhaltsstoffe obsolet und nur noch in homöopathischen Zubereitungen gebräuchlich), blieb das Wundersame der Pflanze im Bewusstsein der Menschen über viele Jahrhunderte erhalten: Im ländlichen Raum nahm man sie als

Orakelpflanze: Es bedeutete nämlich ein fruchtbares Jahr, wenn die Weihnachtsblume an Weihnachten blühte (häufig blüht sie erst im Januar und dann bis März). Oder man schnitt zwölf Stängel ab – für jeden Monat einen – und ließ sich damit die Wetterbedingungen vorhersagen. Auch die Dichter hat die Blume angeregt, das Wunder in Worte zu fassen; Von den vielen Gedichten und Erzählungen sei besonders Selma Lagerlöfs (1858–1940) „Die Legende von der Christrose“ erwähnt, in welcher der Abt Johannes, der zusammen mit seinem Gärtner einen Garten mit den schönsten Blumen pflegt, von einer Räuberfrau eingeladen wird, in der Christnacht ihren angeblich noch schöneren Garten zu besuchen. Er macht sich mit dem Gärtner auf den Weg und wird Zeuge eines Weihnachtswunders: des Erwachens der Natur. Er stirbt allerdings an Ort und Stelle, kann jedoch noch eine Blume in seine Hand nehmen. Diese Blume pflanzt der Gärtner zurück im Kloster in den Garten, und sie erblüht zum nächsten Weihnachtsfest.

CHRISTROSEN IM GARTEN

Durch Züchtungen und Kreuzungen mit anderen Helleborus-Arten gibt es heutzutage eine Vielzahl von Blütenformen und -farben. Für den „Hausgebrauch“ empfiehlt es sich, die Pflanze im Topf nachts an einen kühlen Ort zu stellen und sie im späten Frühjahr dann mit einer Kalk-Gabe in den lichten Schatten zu pflanzen. Es kann durchaus Jahre dauern, bis sie dort blüht, aber dann kann sie bis zu 25 Jahre alt werden.

Helleborus niger trifoliatus. Ald. Hort. Farnes. 92.
Ital. Elleboro trifolio. Gall. L'Hellebore noir.

Zam Rosen. Rosæ domesticæ.

WEIHNACHTSROSEN

Es blüht eine Rose im weißen Schnee
Im Erdengartenland:
Als Augentrost für Wunden und Weh
Pflanzte sie Gottes Hand.

O rote Rose der Liebe du,
Du Christfestwunderblum'!
Schließ' deinen Kelch vor uns nicht zu,
Werd' unser Eigentum!

LUDWIG MAHNERT (1847–1943)

Rosen begleiten die Menschen seit Jahrtausenden – die Gattung *Rosa* ist über die gesamte nördliche Erdhalbkugel verbreitet. Allein in Europa gibt es 40 Wildrosen-Arten. Seit der Antike wurden sie in Gärten kultiviert und über die Jahrhunderte zu äußerst beliebten Pflanzen, die spätestens ab dem 16. Jahrhundert in keinem Garten fehlten (insbesondere *R. gallica*). Als Ergebnis einer bewussten Zucht steht sie für eine durch Kunst erhobene Natur und damit für den Menschen, der Kultur schafft.

Doch wenn man von Weihnachtsrosen spricht, dann sind zumeist keine realen Blumen gemeint – vielmehr bewegt man sich im Reich des Wunderbaren, Unglaublichen und Unfassbaren, zumal die Rosen in den Jahrhunderten vor dem Einsetzen einer intensiven Rosenzucht, also vor dem späten 18. Jahrhundert, nur einmal blühten. Vom Wunder der Weihnachtsrose zeugen eine Fülle von Erzählungen, wie eine Sage aus dem Harz, die in der Weihnachtszeit spielt, und von einer jungen Schäferstochter erzählt, die der grausame Graf von Siptenfelde zur Frau begehrte. Als ihr Vater sie nicht hergeben wollte, erschlug ihn der Graf. Als einzige Möglichkeit, eine Hochzeit zu verhindern, gab er dem Mädchen den schier unmöglichen

Auftrag, mit einem Rosenstrauß zu ihm zu kommen. Das Mädchen weinte in ihrem Kummer auf dem Grab des Vaters, und weiße Rosen sprossen aus der Erde. Damit war sie gerettet.

Kulturgeschichtlich fraglos bedeutender – insbesondere in diesem Kontext – ist die Rose als Symbol für Maria. Die Rose, die schönste, edelste aller Blumen, sozusagen ihre Königin, ist ein – wenn nicht *das* – Symbol für Vollkommenheit, Schönheit, Liebe, ewige Weisheit, die Frau an sich, Lebensfreude und Anmut und ein Attribut aller Liebesgöttinnen, aller Märtyrer sowie von neun christlichen Heiligen – und: es ist die Marienblume schlechthin. Bereits im 5. Jahrhundert findet sich bei dem spätantiken Dichter Caelius Sedulius die Rose als Sinnbild Mariens, zunächst allerdings in einem Kontext, der über das bisher angeführte hinausgeht: Maria als die Rose ohne Dornen, als die einzige von der Erbsünde Verschonte, gleichzusetzen mit den Rosen, die einst dornenfrei im Paradies blühten. Dagegen stehen die Dornen in dem bekannten Weihnachtslied „Maria durch ein' Dornwald ging", welches vermutlich erstmals im Andernacher Gesangbuch von 1608 zu finden ist, als eigenständiges Symbol für alles Unfruchtbare oder Lebensfeindliche.

Maria durch ein' Dornwald ging.
Kyrieleison!
Maria durch ein' Dornwald ging,
Der hatte in sieben Jahren kein Laub getragen!
Jesus und Maria.
Was trug Maria unter ihrem Herzen?
Kyrieleison!
Ein kleines Kindlein ohne Schmerzen,
Das trug Maria unter ihrem Herzen!
Jesus und Maria.
Da hab'n die Dornen Rosen getragen.
Kyrieleison!
Als das Kindlein durch den Wald getragen,
Da haben die Dornen Rosen getragen!
Jesus und Maria.

I.
Rosa sylvestris odorata
incarnato flore.

Das Blühen der Dornen ist ebenfalls in die Rubrik „Weihnachtsblütenwunder“ einzuordnen. Nebenbei bemerkt tragen die Rosen keine Dornen, sondern Stacheln: Dornen sind fester mit dem Stängel verbunden und lassen sich nicht so leicht abstreifen. Im ausgehenden Mittelalter traten die vielen tugendhaften Eigenschaften Marias in den Vordergrund, und das Motiv „Maria, von Rosen umgeben“ wurde eines der beliebtesten Motive der Künstler des 15. Jahrhunderts: Stefan Lochners „Muttergottes in der Rosenlaube“ von 1450, die „Madonna in den Erdbeeren“ von 1425, erschaffen vom Meister des Paradiesgärtleins, und Martin Schongauers „Maria im Rosenhag“ (1473) sind drei eindrucksvolle Beispiele. Rote und weiße, üppig blühende Rosensträucher umrahmen neben Engeln (und anderen „Marienpflanzen“) jeweils eine wunderschöne Maria mit Kind im typischerweise blauen, bei Schongauer roten Gewand.

Nicht unerwähnt bleiben soll auch eines der bekanntesten deutschen Weihnachtslieder, in dem die Rose eine herausgehobene Position hat bzw. zu haben scheint, nämlich „Es ist ein Ros' entsprungen", dessen erste Fassung sich in einer Trierer Handschrift von 1588 findet: Mit der Rose ist allerdings ein „Reis" gemeint – nach Jesaja 11, 1–2: Aus der Wurzel Isais wird ein Reis (*virga*) hervorgehen, und eine Blume wird aus dieser Wurzel sprießen, welche einerseits als Maria (lat. *virgo*, „Jungfrau") und andererseits als Jesus gedeutet wird.

Auch wenn die Weihnachtsrosen eher dem Bereich der Fiktion und der Kunst angehören, so gibt es spät- bzw. mehrmals blühende Gartenrosen. Häufig bleiben Knospen an den Pflanzen stehen und bieten im Dezember ein bezauberndes Bild:

Rose, du Spätling, noch aufgehalten von bittren
Nächten, von zu viel sternischer Klarheit,
ahnst du, Rose, das süße, das leichte Erfülltsein
deiner Sommer-Geschwister?

In deiner Knospe seh ich dich zögern, Tag für Tag,
du allzu fest verschlossene Rose.
Du ahmtest das Langsame des Todes nach
Und wirst doch erst geboren.

ROSENGEDICHT XXIII, RAINER MARIA RILKE 1924,
AUS DEM FRANZÖSISCHEN VON YVONNE GOETZFRIED

DIE LETZTEN ROSEN IM DEZEMBER

In unseren Breiten gibt es durch eine gezielte Zucht mehrmals blühende (remontierende) Rosen. Voraussetzung für eine erneute, spätere Blüte ist, dass welke Blüten bis zum nächstliegenden kompletten Rosenblatt abgeschnitten werden, wodurch die Hagebutten-Bildung unterdrückt wird. Als Sorten sind zu nennen rot-blühende wie ´Ingrid Bergmann´ oder ´Out of Rosenheim´, weiß-blühende wie ´Schneewittchen´, gelb-blühende wie ´Lichtkönigin Lucia´ oder pink-blühende wie ´Mary Rose´.

Wild Rosen. Rosæ Syluestres.

Rose von Jericho

ROSE VON JERICHO

> *... Selbst tausend Jahre alte (Jericho-)Rosen erwachen in der heiligen Nacht aufs neue. Und die Leute lassen sich von ihr die Zukunft künden und eine lachende Blüte zeigt ein gutes Jahr und Glück und Wohlsein an. ...*
>
> AUS: WALTER SCHMIDKUNZ: CHRISTUSMÄRCHEN

Eine echte Rose von Jericho (*Anastatica hierochuntica*) ist heutzutage kaum erhältlich. Sie ist vielleicht zu bestaunen in Sammlungen Botanischer Gärten oder in Klöstern, und es handelt sich bei der nicht blühenden Pflanze auch nicht um eine Rose, sondern um einen etwa zwanzig Zentimeter großen Kreuzblütler, der mit dem Senf verwandt ist und in den Wüstenregionen des nördlichen Afrikas, Israels und des Iran vorkommt. Bei großer Trockenheit oder bei Absterben rollt sich die einjährige Pflanze nach dem Abfallen der Blätter zu einem kugelartigen Gebilde zusammen, um die Samen zu schützen. Wird das Knäuel dann befeuchtet, strecken sich die Äste wieder, und die tote Pflanze scheint sich neu zu beleben. Dieser rein physikalische Mechanismus ist auch nach Hunderten von Jahren noch intakt – man fand Jericho-Rosen in frühchristlichen Gräbern aus dem 4. Jahrhundert und konnte sie „zum Leben erwecken". Die häufig zitierte Vorstellung, dass die Trockenpflanzen als „Bodenroller" oder „Steppenhexen" vom Wind fortgerollt würden, um die Samen zu verbreiten, ließ sich bei botanischen Untersuchungen nicht bestätigen.

Auch die angebliche Benennung der Pflanze nach der Bibelstelle im Buch Sirah 24,14 *und eine Rose gepflanzt in Jericho* scheint falsch zu sein. Die Bibelstelle soll sich auf ein Asterngewächs beziehen. An Symbolik – Leben, Auferstehung (lat./gr. *anastasis*, „Auferstehung") – jedoch kaum zu überbieten, entzückte die Jerichorose die Kreuzfahrer und Pilger im Heiligen Land, die zahlreiche Exemplare mit nach Europa brachten und damit handelten. Mit dieser wundersamen Pflanze wurden Legenden verbunden, die vor allem die Flucht aus Ägypten betreffen, auf der sie entweder aus den Fußabdrücken der Heiligen Familie oder als Lohn für Marias Furcht und Entbehrungen entsprungen sei. Besondere Eigenschaften wurden ihr zugeschrieben: In Apotheken wurde sie im 16. und 17. Jahrhundert als geburtsförderndes Mittel angeboten (heute sind Rose-von-Jericho-Extrakte Bestandteile von Hautpflegeprodukten). Vor allem aber war sie ein Familienschatz, der zu Weihnachten und zu Ostern im wahrsten Sinne des Wortes „geöffnet" wurde, auch im Sinne eines Orakels: Öffnete sich die Rose bis zum nächsten Morgen, stand ein gutes Jahr bevor.

Heutzutage ist stattdessen ein mittelamerikanisches „Ausweichprodukt" zu erwerben: ein knäuelförmiger Farn namens *Selaginella lepidophylla*, ein Bärlappgewächs, dessen Aussehen und Effekt der echten Jerichorose sehr ähnelt.

PFLANZLICHE VERPACKUNG

Will man dieses Blütenwunder am Heiligen Abend erleben, legt man die Pflanze in eine flache Schale mit kaltem Wasser – nicht mit heißem oder kochendem Wasser, wie häufiger zu lesen ist. Es reicht, wenn der untere Teil benetzt ist. Innerhalb von ein bis zwei Stunden öffnet sich die meist tote Pflanze, und das braune Knäuel erstrahlt grün (man kann auch ein kleines Geschenk darin verstecken!). Bis zu einer Woche kann sie im Wasser bleiben. Dann allerdings benötigt sie eine zweiwöchige Trockenphase, bevor man den Effekt wiederholen kann.

Rose von Jericho

BLÜTEN ALS DEKORATIVES WEIHNACHTS-ELEMENT

Weihnachtsstern

A Merry Christmas
May ill winds forget
to blow your way
And mirth surround
you Christmas Day

Grundsätzlich kommen als Pflanzenschmuck zur Weihnachtszeit viele Zimmerpflanzen in Betracht, die im Winter blühen – insbesondere solche mit roter Blütenfarbe (also beispielsweise auch Alpenveilchen oder Azaleen). „Pflanzenjäger“, professionelle Botaniker und Amateure, hatten im 18. und 19. Jahrhundert die Erde erkundet, um zunächst die europäischen Gewächshäuser und später auch die Wohnzimmer der Bürger mit exotischen Pflanzen zu bereichern. Eine Pflanzen-Industrie, die die Vermehrung und den Vertrieb von „Indoor“-Pflanzen übernahm, läuft seither auf Hochtouren – die Nachfrage ist ungebremst, ob für grüne oder blühende Exemplare.

Explizit als Weihnachts-Pflanze wird seit 1960 vor allem der Weihnachtsstern verwendet, weitaus weniger der Weihnachtskaktus und Zwiebelpflanzen wie Amaryllis (Ritterstern) oder Hyazinthe. Deren farbige Blüten mitten im Winter – diese modernen „Weihnachtswunder“ – sind die Leistung der Blumenindustrie, welche die Zimmerpflanzen zu erschwinglichen Preisen in einer breiten Farbpalette termingerecht produziert. Denn der Blühzeitpunkt aller Pflanzen, die im Winter helfen sollen, die dunklen Tage je nach Blütenfarbe bunter und/oder heller zu machen, wird künstlich festgelegt: Da gibt es einerseits die Kurztagpflanzen, die nur Blüten ansetzen, wenn sie nicht mehr als 12 Stunden Lichteinfall erhalten: Die Blühzeit kann exakt geplant werden, wenn die Pflanzen im Vorfeld abgedunkelt werden. Alternativ greift man auf Zwiebelpflanzen zurück (Hyazinthe, Amaryllis), die künstlich einer Kälte-Ruhephase ausgesetzt werden, so dass das Umziehen in die Wärme die Blütenentwicklung anregt.

Bunte Blüten im Dezember: Das rückt auch die Farbe in den Mittelpunkt. Alternativ oder ergänzend zu dem omnipräsenten „Grün“ oder der klassischen Kombination „Rot-Grün“ ergänzt vor allem „Weiß“ die Palette. Weiß gilt als die Farbe der Unschuld und Reinheit: der Freude, des Glanzes, der Engel sowie Marias und Josephs (Josephslilie). In der Kombination „Grün mit Rot mit Weiß“, die man ja beispielsweise durch die Kombination verschiedenfarbiger Weihnachtssterne oder Amaryllis-Blüten herstellen kann, mildert man, entsprechend der Farbtheorie, durch das Hinzufügen von Weiß den starken Kontrast der Komplementärfarben Rot und Grün (die zusammen Weiß ergeben). Zunehmend beliebt wird die Kombination „Rot-Weiß“, eine Kombination, die den dänischen Nationalfarben entspricht und damit gut in eine skandinavisch inspirierte Weihnachtsdekoration passt.

Ergänzt werden diese eher klassischen Farben durch das „Blau“, die Farbe des Himmels, in Gestalt von Hyazinthen-Blüten oder durch den Farbbereich „Rosa-Violett“ ebenfalls mithilfe von Hyazinthen oder Weihnachtskakteen – eine Farbgebung, welche durchaus von traditioneller Bedeutung in der Weihnachtszeit ist: „Violett“ steht als Farbe für Besinnung, Buße, Einkehr und Umkehr und ist in der katholischen Liturgie die Farbe der Advents- und Fastenzeit, während „Rosa“, die Farbe der Sanftheit und Weichheit, als Aufhellung des Violetten genutzt wird, um die Freude über Pausen der Buß- und Fastenzeiten zu demonstrieren. In katholischen Gegenden Europas wie in Bayern, Österreich oder Irland fanden sich rosa- und lilafarbene Kerzen am Adventskranz – in Irland stand eine rosafarbene für den ersten, drei lilafarbene für den zweiten bis vierten Advent sowie eine weiße für Weihnachten, in Bayern waren drei Kerzen lila, nur die dritte Kerze war rosafarben und stand für den dritten Adventssonntag *Gaudete* („Freut euch“), der bereits auf Weihnachten hinweist.

I.
Hÿacinthus Orientalis
flore purpureo albus.
II.
acinthus Orientalis
flore niveo.
IV.
Hÿacinthus parvus
stellatus vernus.
III
Hyacinthus Orientalis
flore cinereo albus.

Weihnachtsstern

WEIHNACHTSSTERN

> *... Ein Raunen ging durch die Kirche. Man begann zu flüstern. „Schaut! Schaut auf die Pflanzen" Lucida öffnete ihre Augen und schaute. Aus jeder Pflanze spross ein flammender roter Stern. Die Krippe erstrahlte, als ob sie von Hunderten Kerzen erleuchtet wurde. ...*
>
> NACH EINER MEXIKANISCHEN LEGENDE,
> ERZÄHLT VON TOMIE DE PAOLA

In unseren Breiten wird der Weihnachtsstern als Dekorationsobjekt angesehen, ist er doch die meistverkaufte Topfpflanze und heute untrennbar mit Weihnachten verbunden: 20 Millionen Exemplare werden jedes Jahr von deutschen Gartenbaubetrieben produziert (und damit sind sie die absolute Nr. 1 der Zimmerpflanzen). Allerdings ist die Pflanze in Spanien und vor allem ihrer Heimat in Mexiko tatsächlich ein Blütenwunder im weihnachtlichen, christlichen Kontext.

Franziskaner, die seit dem Beginn des 16. Jahrhundert in Mexiko missionierten, erzählten die Legende von dem kleinen Mädchen, welches traurig mit leeren Händen vor dem Jesuskind in der Krippe steht und auf Geheiß eines Engels einen Arm voll grüner Pflanzen vor die Krippe legt. Und aus diesen sollen dann in der Weihnachtsnacht rote Sterne erblüht sein. Damit griffen die Mönche eine Verehrung für diese Pflanze auf, die ihr bereits die Azteken widmeten. Diese herrschten vom 14. bis zum 16. Jahrhundert über Mexiko und besaßen eine hoch entwickelte Kultur und Religion. Sie hatten die Pflanze, die in Mexiko (wie überhaupt in den tropischen Laubwäldern Mittel- und Südamerikas) vorkommt, *Cuetlaxochitl* („Blume, die welkt") genannt und nutzten sie als Opfergabe, aber auch ganz praktisch als Farbstofflieferant und Fiebermittel.

Da blieb es nicht aus, dass sich ein ganzer Reigen von Wundergeschichten um die Pflanze „rankte“: Es findet sich die Liebesgeschichte zwischen einem Krieger und einer aztekischen Prinzessin, die nach ihrem Tod durch die Blumengöttin in einen Weihnachtsstern verwandelt wird. Eine andere beschreibt eine Begebenheit aus voraztekischer Zeit, als jugendliche Tolteken den Tempel ihres Gottes verteidigen mussten, sich Federn zur Tarnung umgehängt hatten, welche durch den Gott in Flammen verwandelt wurden. Unscheinbare grüne Pflanzen, die an dieser Stelle wuchsen, nahmen nach dem Sieg der tapferen jungen Männer als Anerkennung eine rote Farbe an. Und eine weitere Geschichte spricht davon, dass die tiefroten Hochblätter aus den Blutstropfen vom gebrochenen Herzen einer unglücklich verliebten aztekischen Göttin entstanden seien. Dass aus volkstümlichen Legenden Lebenswirklichkeit entsteht, kann man daran ablesen, dass die Pflanze in Frankreich an Fürstenhöfen als „Stern der Liebe“ (*Étoile d'amour*) eingeführt wurde und auch heute noch als Muttertagsblume verschenkt wird.

Aber weitaus größer ist die Bedeutung der Pflanze in Spanien, auf den Kanaren und eben in großen Teilen Südamerikas, wo es zu Weihnachten unbedingt gehört, die Krippe mit Weihnachtssternen zu schmücken. In Mexiko heißt sie sogar *Flor de Nochebuena,* „Weihnachtsblume“.

Als die Botaniker auf die Pflanze aufmerksam wurden, hatte sie also bereits eine richtige Geschichte. Alexander von Humboldt sammelte die Pflanze – als eine von Hunderten – auf seiner Amerikareise, als er 1804 fast ein Jahr in Mexiko weilte. Die Pflanze wächst wild im Unterstand subtropischer Trockenwälder und kann bis zu zehn Meter groß werden. Von Humboldt brachte zwei Exemplare mit nach Europa, übergab sie dem Apotheker und Naturforscher Carl Ludwig Willdenow, der diese als Herbar-Exemplare anlegte. Ausführlich unter-

sucht und botanisch klassifiziert wurde die Pflanze dann erst 1834 durch Johann Friedrich Klotzsch, den damaligen Kustos des Botanischen Museums Berlin, der sie als Mitglied der Wolfsmilchgewächse (*Euphorbiacea*) einordnete und als *Euphorbia pulcherrima* („die Schönste") bezeichnete.

Was wie rote Blüten aussieht, sind Hochblätter (Brakteen), die zum Anlocken von Insekten dienen, wogegen die eigentlichen Blüten grün-gelblich, klein und ganz unscheinbar sind.

Dass diese Pflanze ein „Star" wurde, ist auf drei Amerikaner zurückzuführen: 1828 entdeckte der erste Botschafter der USA in Mexiko Joel Roberts Poinsett in der Nähe der Stadt Taxco im Südosten des Landes um die Weihnachtszeit bis zu vier Meter hohe Sträucher mit einer ungeheuren Farbwirkung, von denen er Ableger in seine heimatlichen Gewächshäuser nach South Carolina sandte. Er verschickte die „Pflanze mit den angemalten Blättern", wie er sie nannte, an Freunde und Gärtnereien. So wurde auch der amerikanische Historiker William Prescott, der in den 1840er Jahren ein umfangreiches Werk über die Eroberung Mexikos verfasste, auf den „vermeintlichen" Entdecker der Pflanze aufmerksam und benannte sie in der Folge „Poinsettia". Schließlich faszinierte den Gärtner Paul Ecke, Sohn eines Immigranten aus Deutschland, die zu Weihnachten blühende Pflanze, als er ein größeres, rot gefärbtes Feld entdeckte. Er bemühte sich seit 1920 zunächst darum, Pflanzen zu produzieren, die ein paar Wochen „leuchteten", sowie solche, die stark verzweigt waren. Zunächst pries er sie als Schnittblumen an (sie halten als solche etwa zwei Wochen). Später stattete er ganze Fernsehshows aus und bewirkte, dass ein regelrechter Poinsettia-Boom ausbrach, der zunächst die ganzen USA, seit den 60er Jahren auch Europa überschwemmte, sodass die Pflanze mit ungeheurer Geschwindigkeit ihren Platz in der Adventsdekoration fand. In den USA gibt es seit geraumer Zeit sogar einen *Poinsettia Day*, den 12. Dezember, der an den Todestag von Joel Roberts Poinsett erinnert und ähnlich wie der Valentinstag begangen wird.

ROTE STERNE IM ADVENT

Bei der Pflege dieser Weihnachtspflanze, die es mittlerweile in unzähligen Farben von Weiß über Rosa bis Tiefrot sowie als Pyramiden und Hochstämme gibt, sollte man bedenken, dass sie in tropischen Wäldern zu Hause ist: Sie verträgt zu viel Wasser schlechter als zu wenig und braucht relativ viel Licht. Die „Entsorgung“ nach den Feiertagen ist nicht unbedingt nötig, da sie den Sommer problemlos an einem schattigen Platz im Freien verbringen kann. Im Herbst unterzieht man sie dann einer Kurztagbehandlung (denn das ist das Geheimnis der Rotfärbung der Blätter), indem man acht Wochen lang künstlich Tage mit weniger als acht Stunden Licht schafft – so sollte es gelingen, pünktlich zur Adventszeit wieder rote Sterne leuchten zu lassen. Beim Kauf sollten die kleinen gelb-grünen Blüten ganz intakt sein und gut aussehen.

Weihnachtskaktus

WEIHNACHTSKAKTUS

Ich träumte von bunten Blumen,
So wie sie wohl blühen im Mai,
Ich träumte von grünen Wiesen,
Von lustigem Vogelgeschrei.

Und als die Hähne krähten,
Da ward mein Auge wach;
Da war es kalt und finster,
Es schrien die Raben vom Dach.

Doch an den Fensterscheiben
Wer malte die Blätter da?
Ihr lacht wohl über den Träumer,
Der Blumen im Winter sah?

WILHELM MÜLLER (1794–1827)

Unter einem Kaktus stellt man sich eine Pflanze mit zu Dornen umgewandelten Blättern vor. Und doch ist der Weihnachtskaktus ein ganz typischer Kaktus: Was wie Blätter aussieht, sind blattartig abgeflachte Sprossglieder, eigentlich Stängel. An deren Ende werden auffallende Blüten aus kakteentypischen Areolen, stark reduzierten Kurztrieben mit kleinen Borsten, gebildet. Und wie alle Kakteen sind Weihnachtskakteen Xerophyten, das heißt, dass sie der Trockenheit angepasst sind, Wasser speichern und Feuchtigkeitsverluste eindämmen können.

Aus den subtropischen Regenwäldern Brasiliens kamen die Weihnachtskakteen im 19. Jahrhundert nach Europa. Sie wachsen in den Astgabeln anderer Urwaldpflanzen und ernähren sich dort von einem äußerst mageren Humusangebot.

Die botanische Benennung der Pflanzen erfolgte 1858 durch den französischen Schriftsteller und Botaniker Charles Antoine Lemaire, der die Gattung *Schlumbergera* nannte – zu Ehren Frédéric Schlumbergers (1823–1898), eines französischen Amateurbotanikers, der auf seinem Schloss in der Nähe von Rouen eine der umfangreichsten Kakteensammlungen und -zuchten seiner Zeit besaß. Ursprünglich waren die Pflanzen verschiedenen Gattungen (*Epiphyllantus, Schlumbergera, Zygocactus*) zugeordnet worden. Heute geht man davon aus, dass die Gattung *Schlumbergera* aus sieben Arten besteht, die auch untereinander zur Zucht eingesetzt werden: Insbesondere durch die Kreuzung zwischen *Sch. truncata*, die im Oktober/November blühen, mit im Februar/März blühenden *Sch. russeliana* erhielt man Hybride, die perfekt zur Weihnachtszeit Blüten tragen. Durch diese und viele weitere Züchtungsversuche entstanden über 1500 verschiedene Sorten in vielen Farben: von Violett über Rot und Lachsfarben bis Weiß. Die Blüten werden bis zu sieben Zentimeter lang und sind – für Kakteen ganz ungewöhnlich – zweiseitig symmetrisch anstatt rund.

BLÜTENZAUBER FÜR ZU HAUSE

Möchte man das weihnachtliche Blütenerlebnis im nächsten Jahr zu Hause wiederholen, so stellt man ab September das Gießen ein und bringt die Pflanze an einen kühlen Ort. Sobald die Knospenbildung begonnen hat, kann man sie wieder umstellen und gießen. Dann sollte allerdings der Standort nicht mehr verändert werden. Häufig erfreut die Pflanze sogar mit einer zweiten Blüte Ende April.

Weihnachtskaktus

Amaryllis vittata major.

RITTERSTERN (AMARYLLIS)

... Nimm fort die Amarylle,
du siehst ja: gründlich: – sie setzt
ganz rot, ganz tief, ganz Fülle
ihr Eins und Allerletzt.

GOTTFRIED BENN (1886–1956)

Eine sehr auffällige Pflanze im Reigen der in der Weihnachtszeit verwendeten Pflanzen ist die Amaryllis, die in den letzten Jahren auch als Schnittblume an Beliebtheit gewonnen hat (besonders beliebt in Kombination mit Seidenkiefer). Bei ihr treffen weihnachtliche Farbgebung (Rot/Grün bzw. Weiß/Grün) und (gesteuerter) Blühzeitpunkt passenderweise zusammen. Ihr eigentlicher botanisch korrekter Name lautet *Hippeastrum*, eingedeutscht „Ritterstern“. Der Name Amaryllis geht auf eine in der griechischen Mythologie vielfach angebetete Nymphe oder Hirtin (Vergil) zurück, allerdings gibt es daneben noch eine echte Amaryllis, nämlich die in Südafrika beheimatet Belladonna-Lilie (*A. belladonna*).

Beide aber waren ursprünglich durch Carl von Linné (1707–1778) in dieselbe Gattung eingeordnet worden, und erst Mitte des 20. Jahrhunderts wurde die Gattung *Hippeastrum* mit ihren 80 Arten nach vielen Diskussionen unter Botanikern endgültig als eigenständig etabliert – allerdings unter dem „Dach“ der Familie der Amaryllisgewächse. Ihren Namen verdanken die Zwiebelpflanzen dem englischen Geistlichen und Hobbybotaniker William Herbert, der ihn 1837 für die imposante Blume erfand, entweder, weil die Knospen an ein Pferdeohr erinnern sollen und die Blüte wie ein sechsstrahliger Stern aussieht, oder, weil die Blüte den Geistlichen, einen Kenner mittelalterlicher Geschichte, an den Morgenstern eines Ritters erinnerte.

Hippeastrum-Arten, von denen es etwa 80 gibt, sind in Südamerika in Gebieten mit ausgeprägter Trockenheit heimisch. Sie wurden durch die Holländer, die „Zwiebel-experten", im 18. Jahrhundert nach Europa gebracht. Ihr Erscheinen in der Wildform mit maximal zwei Blüten ist graziler als bei den heute erhältlichen Züchtungen, doch gibt es nach mittlerweile 200 Jahren der Zucht hunderte von Sorten in unzähligen Farben und Farbkombinationen mit bis zu sechs Blüten, die vor allem aus den holländischen Gewächshäusern zu uns kommen, aber auch aus Israel, Australien, Südafrika und Südamerika.

„AMARYLLIS" ZUM BLÜHEN BRINGEN

Den Ritterstern erhält man im Handel zumeist als Zwiebel. Diese pflanzt man in einen möglichst kleinen Topf in Erde, sodass maximal die Hälfte der Zwiebel bedeckt ist. Bis die Blütenstiele etwa 20 Zentimeter hoch sind, gießt man fast gar nicht, danach nur sehr sparsam. Nach der Blüte muss man die Blütenstiele radikal kürzen und die Pflanze düngen. Nach den Eisheiligen kann man sie dann im Garten oder auf dem Balkon an ein sonniges Plätzchen stellen. Entsprechend ihrer Herkunft aus Trockengebieten benötigen die Zwiebelpflanzen im Herbst eine dreimonatige absolute dunkle Trockenphase, wenn man sie im nächsten Jahr wieder zum Blühen bringen möchte.
Seit einiger Zeit gibt dekorativ in Wachs gekleideten Amaryllis-Zwiebeln, die auf einem Ständer einfach in den Raum gestellt werden und nach kurzer Zeit und ohne Gießwasser austreiben (nur leider nicht nachhaltig).

Amaryllis Equestris *Amaryllis Equestre*

Amaryllis

a. Hyacinthus Orientalis flore atro purpureo.
b. Hyacinthus Orientalis flore purpureo pleno.
c. Hyacinthus Orientalis polyanthos.
Hyacinthus spicatus stellatus floribus incarnatis caule et folio orchidis. B.
H.

v
Hÿacinthus Anglicus
colore amethystinus.
i
Hÿacinthus Anglicus
iiii
Hÿacinthus Anglicus
colore violaceo.

HYAZINTHEN

> *... Nur mit Entzücken erinnern wir uns ihrer*
> *um zu sagen*
> *o wie unvergesslich süß*
> *die rosa Hyazinthe duftete an jedem Abend.*
>
> PAULA LUDWIG (1900–1974)

Es ist vor allem der Duft, der die erblühte Hyazinthe (*Hyacinthus orientalis*) auszeichnet und sie zu einer Besonderheit auf dem Fensterbrett in der Advents- und Weihnachtszeit macht. Neben der Farbigkeit spricht die Hyazinthe mit ihrem Duft ähnlich wie Orangen und Mandarinen besonders den Geruchssinn an. Dass Blumengeschäfte (und Supermärkte) im Advent vielfach und zunehmend Hyazinthen anbieten, liegt an dem Trend, Skandinavisches in die Weihnachtstradition zu übernehmen: Besonders in Schweden sind (weiße) Hyazinthen ein „Muss". Astrid Lindgren beschrieb in „Madita" (1960) diese Tradition und festigte sie damit:

> *Ja, jetzt kann das Weihnachtsfest auf Birkenlund Einzug halten, alles steht zum Empfang bereit. In jedem Winkel ist es blitzblank und sauber, ..., in allen Leuchtern stecken Kerzen.... Im Wohnzimmer duften die weißen Hyazinthen, die Mama rechtzeitig zum Fest gezogen hat, und auch der Tannenbaum duftet, der frisch und grün bereit steht und nur darauf wartet, geschmückt zu werden.*

Namensgebend für die Zwiebelpflanze war der Königssohn Hyakinthos, der griechischen Mythologie zufolge ein außergewöhnlich schöner junger Mann, der Geliebte des Gottes Apoll, der durch ein Unglück beim Diskurswerfen von diesem getötet wurde und aus dessen Blut der Gott eine Blume entstehen ließ:

> *Endlich rief er (Apollo): "Nein, süßes Kind, nicht völlig sollst Du sterben, mein Lied soll von Dir singen, und als Blume sollst Du meinen Schmerz verkünden." So rief Apollon, und siehe, aus dem strömenden Blut, das die Gräser rot färbte, sprießt eine Blume hervor von düsterem Glanz wie tyrischer Purpur, lilienförmig wachsen an einem Stengel zahlreiche Blumen ...*
>
> (AUS: GUSTAV SCHWAB: SAGEN DES KLASSISCHEN ALTERTUMS)

Botaniker sind sich allerdings sicher, dass es sich dabei nicht um die Hyazinthe handelt, die wir heute als solche bezeichnen, sondern favorisieren eher den Rittersporn (*Consolida ajacis*).

Beheimatet im östlichen Mittelmeergebiet war die Hyazinthe wie die Tulpe und die Narzisse bereits seit Jahrhunderten Bestandteil der türkischen Gärten, als sie im 16. Jahrhundert „entdeckt“ und unverzüglich nach Mitteleuropa eingeführt wurde. Zunächst überwiegend blau blühend (daneben seltener weiß oder purpurrot) mit spärlichen Blüten, die kleiner waren, als wir sie heute kennen, wurde die Hyazinthe wie alle blau blühenden Pflanzen zum Symbol des Göttlichen.

Rasch wurde sie als außergewöhnlich duftende Gartenpflanze in ganz Europa begeistert aufgenommen, und es gelang den Gärtnern, neue Sorten zu produzieren, sodass der 1613 erschienene „Hortus Eystettensis“, ein prachtvolles Gartenbuch, welches die Pflanzen im Garten von Eichstätt verzeichnete, bereits 13 verschieden Sorten aufführte.

Die Hyazinthenzucht entwickelte sich zu einer echten Erfolgsgeschichte, da die Pflanzen sich als einfach zu pflanzen und zu vermehren erwiesen – allerdings blühen die Hyazinthen in Mitteleuropa höchstens fünf bis sechs Jahre lang. Madame de Pompadour (1721–1764), die Mätresse des französischen Königs Ludwig XV., ließ den Garten von Versailles und das Schloss mit holländischen Hyazinthen verschönern– es sollen bis zu 200 Hyazinthen gleichzeitig geblüht haben – da der Adel nicht nachstehen wollte, kam es zu einer ungeheuren Nachfrage nach Zwiebeln, doch erreichte diese nicht annähernd solche Dimensionen wie die legendäre Tulpomanie. Die Hyazinthenzucht in Holland, woher heutzutage praktisch alle unsere Hyazinthenzwiebeln kommen, führte zu einer Auswahl von über 600 Sorten in allen erdenklichen Farben. Heute sind Hyazinthen vor allem als Topfpflanzen erhältlich

HYAZINTHEN ZU WEIHNACHTSZEIT

Um Hyazinthen in der Weihnachtszeit zum Blühen zu bringen, pflanzt man entweder Zwiebeln früh blühender Hyazinthen Anfang September in einen Topf und holt ihn dann im Dezember (und bei Frost) ins Haus oder legt eine Zwiebel sechs bis acht Wochen vor dem gewünschten Blühtermin in ein Hyazinthenglas, füllt das Glas bis zum Zwiebelboden mit Wasser, stellt es an einen kühlen Platz und verdunkelt die Zwiebel mit einem Hütchen. Das Wasser muss alle drei Tage gewechselt werden. Nachdem die Zwiebel begonnen hat zu wurzeln, kann man die Bedeckung abnehmen und die Pflanze an einen hellen Platz stellen. Abkürzen kann man diesen Prozess, in dem man knospige Hyazinthen in Töpfen kauft und die Erde gegebenenfalls abstreift.

FRÜCHTE AUS DEM SÜDEN

Orange

Granatapffelbaum.

1. Blůt deß zamen Granatapffelbaums.
2. Deß wilden.

Malus punica.

1. Citinus.
2. Balaustium.

Die Vielfalt der Weihnachtspflanzen wird entscheidend bereichert durch Orangen und Mandarinen, heutzutage auch Granatäpfel, die nicht nur kulinarisch willkommen, sondern auch ausgesprochen dekorativ sind. Hinzu kommt, dass diese Früchte den Süden in den Norden bringen und von Wärme, Sonne und dem vergangenen Sommer „erzählen“ – ein wenig nach Albert Camus (1913–1960): „Mitten im Winter wurde mir endlich bewusst, dass in mir ein unbesiegbarer Sommer wohnt“.

The Orange-Tree. | *1. Flower* *2. Fruit* *3. Seed.* | *Aurantia.*

Eliz Blackwell delin. sculp. et Pinx.

ORANGE

I peeled my orange
That was so bright against
The gray of December
That, from some distance,
Someone might have thought
I was making a fire in my hands.

AUS „ORANGES“ 1983 VON GARY SOTO (GEB. 1952)

Die süß schmeckenden und aromatisch duftenden Süßorangen (*Citrus sinensis*) erreichen uns aus dem Mittelmeergebiet, vor allem aus Spanien (im Jahr 2023: 308 000 Tonnen) ab November als sogenannte Winterorangen. Im Gegensatz zu den „Sommerorangen“, die aus den USA, Israel oder Südafrika importiert werden, werden diese tatsächlich zwischen Oktober und März geerntet.

Es ist allerdings noch gar nicht so lange her, dass sie einen echten Luxus darstellten, der nur selten zu bekommen und/oder den Reichen vorbehalten war – in vielen Kindheitserinnerungen ist die Rede von „einer Orange zu Weihnachten“. Erst seit etwa 60 Jahren (in der DDR erst seit der „Wende“) sind Orangen bei uns sowohl weit verbreitet (ganzjährig) erhältlich als auch erschwinglich und erreichen einen jährlichen Pro-Kopf-Konsum von acht Kilogramm.

Die Apfelsine („Apfel aus China“), wie sie nördlich des Mains häufig genannt wird, stammt wirklich aus China. Sie wurde dort durch eine Kreuzung von Mandarine und Pampelmuse gezüchtet (erste schriftliche Erwähnung um 300 vor Chr.). Erst frühestens im 15. Jahrhundert wurde sie durch portugiesische Seefahrer in Europa eingeführt, während die Bitterorange (*Citrus aurantium*, Sevilla-Orangen, Pomeranze) bereits seit Mitte des 12. Jahrhunderts durch die Vermittlung der Araber aus Sizilien und Spanien bekannt war. Die Orange erlebte eine rasche Verbreitung entlang der Küsten des Mittelmeeres und wurde zum Inbegriff des Exotischen und des Südens.

In der Bildsprache der Künstler trat die Orange häufig an die Stelle des Apfels: Weil es sich bei den Früchten vom Baum der Erkenntnis auch um Orangen hätte handeln können, brachten holländische Maler im 16. Jahrhundert die Orange (niederländisch: *sinaasappel*) statt des Apfels ins Bild bei der Darstellung der Maria mit dem Jesuskind, und der Orangenbaum wurde zur Kulisse der Christusgeburt.

Während in den Orangerien der europäischen Fürstenhöfe dekorative Orangenkübel die Gartenkunst krönten, gab es erste Plantagen zur Orangenernte seit 1792 in Spanien, seit 1870 in Italien. Heute werden die kälteempfindlichen Früchte, die Frost allenfalls kurz vertragen, weltweit in den geeigneten Ländern des sogenannten Citrus-Gürtels zwischen dem 40. Grad nördlicher und dem 35. Grad südlicher Breite angebaut. Im Handel gibt es über 400 Sorten.

Aus den weißen, wohlriechenden Blüten entwickelt sich eine Beerenfrucht, das sogenannte *Hesperidium* – in der griechischen Mythologie bewachen die Hesperiden, Nymphen, einen wunderschönen Garten mit goldenen Früchten. Das Fruchtfleisch umschließt eine dicke Schale mit einer weißen inneren sowie einer lederartigen, orangefarbenen äußeren Schicht, die von ätherischen Öldrüsen durchzogen ist. Die enthaltenen ätherischen Öle mit ihrem angenehm frischen Duft geben der Weihnachtszeit ihre ganz eigene Note.

DER EINSTIEG IN EINE ORANGERIE

Auf der Suche nach „Orangenbäumchen“ trifft man in Gärtnereien, Baumärkten oder auch im Supermarkt häufig auf „Zwergorangen“-Pflanzen: ´Calamondin´-Pflanzen. Es handelt sich allerdings nicht um echte Orangen, sondern um eine Kreuzung aus Mandarine und Kumquat. Diese ´Calamondini´ sind einigermaßen robust und eignen sich für Terrasse, Balkon und Wohnzimmer (Überwinterung hell bei 3 °C bis 18 °C). Sie produzieren viele kleine, mandarinengroße Früchte, die lange an der Pflanze verbleiben.

1. Bernschanz. 2 Bleiweis-Garten. 3 Lazaret.

Aranzo Agostarolo. 1696.
Das Hallerschlößlein

Mandarine

MANDARINE

Heute geht der Nikolaus
wieder mal von Haus zu Haus.
Einen großen, vollen Sack
trägt der Nikolaus huckepack.
Was ist in dem Sack wohl drinnen?
Viele, viele Mandarinen ...

AUS DEM GEDICHT „DER NIKOLAUSSACK" VON KARIN MAITZ

Mandarinen (*Citrus reticulata*) fehlen in keinem Nikolaussack, in keinem Nikolausstiefel – sie sind geradezu zum Symbol der Adventszeit geworden. In den USA werden sie sogar als *christmas orange* bezeichnet, was auch daran liegt, dass sie vor allem von November bis Januar in guter Qualität erhältlich sind.

Vermutlich erhielt die Mandarine ihren Namen, weil ihr Verzehr im alten China als wertvollste Zitrusfrucht neben dem Kaiser nur den hohen Staatsbeamten, den Mandarinen, vorbehalten war. Der Anbau von Mandarinen lässt sich in China bereits seit dem 12. Jahrhundert vor Christus nachweisen (seit 3000 Jahren!) und breitete sich über Südostasien, Indien und Japan aus. Wegen der schlechten Lager- und Transportmöglichkeiten wurden die ersten Pflanzen nach Europa allerdings erst im 19. Jahrhundert in das Mittelmeergebiet eingeführt, wo sie seitdem auch angebaut werden. China ist aber auch heute noch dasjenige Land, welches die mit Abstand meisten Mandarinen weltweit produziert. Die Ware in unseren Läden stammt heutzutage aus Spanien, allerdings werden Mandarinen weltweit in Gegenden mit entsprechendem Klima angebaut.

Unter dem Oberbegriff „Mandarine" werden allerdings verschiedene Früchte zusammengefasst: Die eigentlichen Mandarinen sind gelb bis hellorange und leicht zu schälen, enthalten viele Kerne (deswegen weniger beliebt) und sind besonders saftig und aromatisch, jedoch etwas saurer als Clementinen.

Tangerinen (*Citrus tangerina*) sind das Ergebnis einer Kreuzung von Mandarine (*C. reticulata*) mit Pomeranze (*C. aurantium*). Sie wurden benannt nach der Stadt Tanger (Marokko), in deren Nähe die Pflanzen angebaut und über den Hafen verschifft wurden. Charakteristisch ist, dass die Früchte etwas kleiner als Mandarinen sind und Schale sowie Fruchtfleisch intensiver orange wirken. Die meisten Sorten sind kernlos und haben einen etwas weniger stark ausgeprägten Zitrus-Geschmack (säurearm). Verwirrenderweise lautet die englische Bezeichnung für Mandarinen *tangerines*.

Clementinen (*C. clementina*), besonders aromatische, relativ schwer schälbare, fast kernlose Zitrusfrüchte, sind das Ergebnis einer Kreuzung zwischen Mandarine und Orange, die zunächst in Algerien gezüchtet wurde. Namensgeber war ein um 1900 als Gärtner arbeitender Kartäuser-Mönch in einem Waisenhaus in Algerien namens Clément Rodier (1829–1904).

Last but not least gibt es die besonders süßen, fast kernlosen Satsumas (*C. unshiu*), eine seit dem 17. Jahrhundert in Japan kultivierte Kreuzung verschiedener Mandarinen-Varietäten, aus der leicht schälbare Früchte hervorgingen.

MANDARINEN ERNTEN

Theoretisch ist es möglich, von Mandarinenbäumen, die aufgrund der Frostempfindlichkeit als Kübelpflanze gehalten werden müssen, Früchte zu ernten. Sowohl Mandarinen-, als auch Clementinen- oder Satsuma-Bäume sind erhältlich. Aus vielen Blüten (Zeitpunkt meistens Frühjahr) entwickeln sich zahlreiche Fruchtansätze. Die meisten werden jedoch abgeworfen, da die Pflanze nicht alle Früchte mit Nährstoffen versorgen kann. Die übrigen bleiben lange grün, bis sie – ausgelöst durch tiefere Temperaturen und die verminderte Chlorophyllbildung – die typisch orangene Farbe erhalten.

Granatapfel

GRANATAPFEL

...und wenn eine Kraft es gewollt,
dass der Rinde trockenes Gold
über saftroten Steinen zerspringe,

so rührt sich in mir vor dem Spalt
eine meinige Seele der Dinge
und ihrer geheimen Gestalt.

LES GRENADES VON PAUL VALERY (1871–1945),
ÜBERSETZT DURCH RAINER MARIA RILKE

Granatäpfel, die in den letzten Jahren als Weihnachtsdekoration – auch vergoldet, in Schalen, Gestecken oder sogar am Baum – immer beliebter wurden, sind die Früchte einer der ältesten Kulturpflanzen. Der Granatapfelbaum war ursprünglich in West- bis Mittelasien beheimatet, er ist bis fünf Meter hoch und sommergrün. Er wurde seit Jahrtausenden im gesamten Mittelmeerraum, aber auch in Afghanistan und Indien angebaut. Er trägt im Sommer gleichzeitig leuchtend rote bis gelbe Blüten und anfangs grüne, später rote Früchte, die in den Monaten September bis Dezember geerntet werden. Hauptlieferanten sind heutzutage Iran und Ägypten.

Die Beerenfrüchte enthalten in Kammern 200–1000 gallertartige, perlenförmige, rote Fruchtkügelchen, welche die bis zu 15 Millimeter großen Samen umschließen. Lässt man die Frucht bis zur Überreife am Baum, so springt die Schale auf und entlässt einen Teil der Samen.

Andere Namen für den Granatapfel (*Punica granatum*) wie Punischer Apfel oder Paradiesapfel erklären zugleich Herkunft, Charakteristika und Symbolik: *Punica* wegen der Verbreitung in Italien durch die Phönizier (Punier) aus Nordafrika, „Granat“ wegen der vielen Kerne (lat. *granatus*,

„kernreich“) – sehr wahrscheinlich leitet sich daher auch der Name für die Schmucksteine ab –, und Paradiesapfel, da die Frucht vom Baum der Erkenntnis wie erwähnt in der Bibel nicht näher bezeichnet wurde und der Granatapfel zu biblischen Zeiten eine weit verbreitete Frucht darstellte.

Die außergewöhnlichen Eigenschaften der Frucht veranlassten viele Kulturen und Religionen zu einer Verwendung als Symbol: die Frucht für Schönheit (*... gleich dem Riss im Granatapfel schimmert deine Schläfe* ... Hohelied 6,7), Fruchtbarkeit und Leben (Gleichnis in China: *hundert Kerne, hundert Söhne*), der rote Saft für das Blut der Märtyrer, der aufgesprungene Granatapfel mit der Fülle der Samenkörner für die Mildtätigkeit, für die große Zahl der Heiligen oder eben auch die Tugenden der Gottesmutter Maria. Gerade diese Symbolik findet sich in einer Reihe von Kunstwerken des 15. und 16. Jahrhunderts, wie beispielsweise der Granatapfel, den die Stuppacher Madonna des Matthias Grünewald (1474/1480–1528) dem Jesuskind reicht. In Sandro Boticellis (1445–1510) Gemälde „Madonna mit Granatapfel“ hält Maria einen aufgesprungenen Granatapfel in Händen: die vielen Kerne stehen für die kommenden Leiden ihres Sohnes – das Jesuskind berührt die Frucht und schaut in die Ferne, als erahne es seine Zukunft.

GRANATÄPFEL IM GARTEN ODER ALS KÜBELPFLANZE

Bei der Auswahl der Pflanzen ist darauf zu achten, ob es sich um eine Zier- oder Fruchtsorte handelt: Die Ziersorten blühen länger und intensiver, setzten allerdings keine Früchte an. Granatapfelbäume vertragen leichten Frost und können deshalb an einem geschützten Ort auch gepflanzt werden – ein sonniger Standort ist ein Muss, da sich bei Exemplaren im Schatten keine Blüten und damit auch keine Früchte ausbilden.

Pomgranates.

Eliz. Blackwell delin. sculp. et Pinx.

1. Flower.
2. Fruit.
3. Fruit open
4. Berry.
5. Stone

Granata, Punica mala.

Best Wishes
Through
all the happy hours
Of joyous
Christmas-tide
Be all
you care for most
Around
your own fire-side.

Literatur

Allen, Linda: Decking the Halls. The Folklore and Traditions of Christmas Plants. Willow Creek Press 2000

Becherer, A.: Der wissenschaftliche Name der Fichte und der Weisstanne. Schweizerische Zeitschrift für Forstwesen 85, 5-8 (1934)

Becker, Hans/Schmoll gen. Eisenwerth, Helga: Mistel – Arzneipflanze, Brauchtum, Kunstmotiv im Jugendstil. Wissenschaftliche Verlagsgesellschaft mbH 1986

Becker-Huberti, Manfred: Lexikon der Bräuche und Feste. Herder Verlag: Freiburg 2000

Becker-Huberti, Manfred: Heiliger Nikolaus. Geschichte – Legenden – Brauchtum. Topos plus Verlag 2018

Beuchert, Marianne: Symbolik der Pflanzen. Von Akelei bis Zypresse. Insel Verlag 2004

Borchard, Dagmar: Die Drei Freunde des Winters, Kultur und Symbolik der Blumen und Bäume. In: Das neue China 23, 3 (1996)

Breyer, Charlotte: Christbaumkugeln und Lametta. Wie Weihnachten früher war. Echter Verlag 2006

Brückner, Gilla: Weihnachten feiern wie früher. Thorbecke Verlag 2009

Burghart, Heinz: Kleiner Garten – Große Liebe. Ludwig Verlag 1989

Caesar, Wolfgang: Ein Schuss ins Wasser. In: Deutsche Apotheker Zeitung 51/2017

Cullmann, Oscar: Die Entstehung des Weihnachtsfestes und die Herkunft des Weihnachtsbaumes. Quell Verlag 1994.

Erich, Oswald A./Breitl, Richard: Wörterbuch der deutschen Volkskunde. Alfred Kröner Verlag 1974

Europäische Weihnacht – in Vielfalt geeint. European Christmas – United in Diversity. Sutter Verlag 2004

Frei, Jonas: Die Haselnuss. Arten, Botanik, Geschichte, Kultur. AT Verlag 2023

Frei, Jonas: Die Walnuss. Arten, Botanik, Geschichte, Kultur. AT Verlag2023

Gekeler, Hans: Handbuch der Farbe. Systematik – Ästhetik – Praxis. Dumont Verlag: 2000

Giddens, Anthony: Konsequenzen der Moderne. Suhrkamp Verlag 1995

Haag, Stefan: Von Druidentrank und Hexenkraut. Heil- und Zauberpflanzen aus aller Welt. Kosmos Verlag 2002

Haag, Stefan: Liebeskraut und Zauberpflanzen. Kosmos Verlag 2010

Haslinger, Adolf (Hrsg.): Wunderbare Weihnachtszeit. Ein Hausbuch. Residenz Verlag: 1991

Heinz-Mohr, Gerd: Lexikon der Symbole. Herder Verlag 1998

Hinrichsen, Torkild: Die Rose von Jericho: Blumen, Pflanzen und Früchte im Paradies der Weihnachtsstube. Husumer Druck- und Verlagsgesellschaft 2010

Impelluso, Lucia: Die Natur und ihre Symbole. Bildlexikon der Kunst. Band 7. Pflanzen, Tiere, Fabelwesen. Parthas Verlag 2005

Kirchhoff, Hermann: Christliches Brauchtum von Advent bis Ostern. Kösel Verlag:1984

Krausch, Heinz-Dieter: Kaiserkron und Päonien rot. Von der Entdeckung und Einführung unserer Gartenblumen. dtv Verlag 2007

Lurker, Manfred (Hrsg.): Wörterbuch der Symbolik. Alfred Kröner 1991

Markowski, Michael: Morphologische und morphogenetische Untersuchungen an Blüten uns Blütenständen ausgewählter Vertreter der Fagales. Mitt. Dtsch. Dendrolog. Ges. 92; 49-61

McMillan, A.J.S, Horobin, J.F.: Christmas Cacti. The genus *Schlumbergera* and its hybrids. David Hunt 1995

Mehling, Marianne: Die schönsten Weihnachtsbräuche. Droemersche Verlagsanstalt Th. Knaur Nachf. 1980

Palmengarten der Stadt Frankfurt (Hrsg.): Druidenfuß und Hexenkessel. Magische Pflanzen. Sonderheft 38, 2004

Petercord, Ralf, u.a. Grüne Mitesser. Die Misteln an Tanne, Kiefer und Laubbaumarten. LWF aktuell 1, 22-28 (2017)

Peters, Silke: Blühende Geschäfte. Der weltweite Handel mit der Blume. Oekom Verlag 2015

Pollan, Michael: Botanik der Begierde. Vier Pflanzen betrachten die Welt. Claasen Verlag: 2002

Rätsch, Christian/Müller-Ebeling, Claudia: Weihnachtsbaum und Blütenwunder. AT Verlag: 2003

Rätsch, Christian/Müller-Ebeling, Claudia: Heidnische Weihnachten. AT Verlag: 2019

Rilke, Rainer Maria: Les Roses. Die Rosen. Ins Deutsche übertragen von Yvonne Goetzfried. Mit einem Nachwort von Ulrich Fülleborn. Ars vivendi Verlag 2012

Read, Veronica M.: Hippeastrum. The Gardener's Amaryllis (Royal Horticultural Society). Timber Press 2004

Rheinische-landeskunde.lvr.de/de/institut/institut_adventskalender_1/08-wortgeschichte_weihnachten/wortgeschichte_weihnachten_beitrag.html

Ruland, Josef: Weihnachten in Deutschland. Hohwacht Verlag1978

Scherf, Gertrud: Zauberpflanzen, Hexenkräuter. Mythos und Magie heimischer Wild- und Kulturpflanzen. BLV Verlag: 2007

Scheibenpflug, Heinz: Tanne oder Fichte? Eine kleine Naturgeschichte unserer Nadelbäume. In: Prisma: Illustrierte Monatsschrift für Natur, Forschung und Technik 5, 27-34 (1950)

Schirarend, Carsten/Heilmeyer, Marina: Die goldenen Äpfel. Wissenswertes rund um die Zitrusfrüchte. Fördererkreis der naturwissenschaftlichen Museen Berlins e.V. 1996

Schmidkunz, Walter: Christusmärchen. Rosenheimer Verlag 1980

Schmidt, Margarethe: Warum ein Apfel, Eva? Die Bildsprache von Baum, Frucht und Blume. Schnell und Steiner Verlag 2000

Thiele-Dohrmann, Klaus: Geschichten um den Granatapfel. Wilhelm Heyne Verlag: 1997

Thuswalder, Anton (Hrsg.): Als Weihnachten noch Weihnachten war. Lesestücke aus dem vorigen Jahrhundert. Residenz Verlag 1986

Vossen, Rüdiger: Weihnachtsbräuche in aller Welt. Weihnachtszeit, Wendezeit, Martini bis Lichtmeß. Christians Verlag 1985

Waechter, Dorothée: Immergrüne Pflanzen: Struktur, Farbe und Blüten – Gestalten mit Gehölzen und Stauden. BLV Staudenpraxis 2019

Weber-Kellermann, Ingeborg: Das Buch der Weihnachtslieder. Schott Verlag/Piper 1982

Weber-Kellermann, Ingeborg: Das Weihnachtsfest. Eine Kultur- und Sozialgeschichte der Weihnachtszeit. Bucher Verlag 1987

Wunderlich, Heinke (Hrsg.): Blumen auf den Weg gestreut. Gedichte. Reclam Verlag 1993

Textnachweis

S. 117: Rainer Maria Rilke: Die Rosen - Les Roses, © ars vivendi Verlag GmbH und Co. KG, Cadolzburg, aus dem Französischen von Yvonne Goetzfried

S. 141: Gottfried Benn. Sämtliche Gedichte in einem Band. © 1998 Klett-Cotta – J. G. Cotta'sche Buchhandlung Nachfolger GmbH, Stuttgart

Bildnachweis

Besler, Baslius, Hortus Eystettensis, Nürnberg 1613 (urn:nbn:de:bvb:29-bv009173203-2; UB Erlangen): S. 100, 108, 116, 129, 146

Blackwell, Elisabeth, Herbarium Blackwellianum, Nürnberg 1757–1760 (urn:nbn:de:bvb:29-bv009520030; UB Erlangen): S. 44, 56, 60, 78, 88, 154, 168

Bonelli, Giorgio, Hortus Romanus juxta systema Tournefortianum, Rom 1772–1793 (NYPL): S. 111

Ekblom Bergianska Stiftelsen, Acta horti bergiani, 1891 Stockholm, S. 120, 123

Foster, Ellsworth Decatur, The American Educator, Chicago 1920: S. 160, 163

Havell, Robert, nach Zeichnung von Priscilla Susann Bury, A Selection of Hexandrian Plants, London 1834 (NYPL): S. 84

Hayne, Friedrich Gottlob: Getreue Darstellung und Beschreibung der in der Arzneykunde gebräuchlichen Gewächse, Berlin 1805–1837 (urn:nbn:de:hbz:061:2-135620; UB Düssledorf): S. 157

Hoola van Nooten, Berthe, Fleurs, Fruits et Feuillages choisis de l'Ile de Java, Brüssel 1880: S. 130

Howard, W; Lowe, E.J., Les Plantes à feuillage coloré; Paris 1867: S. 125

Kerner, Johann Simon, Beschreibung und Abbildungen der Bäume und Gesträuche, Stuttgart 1783: S. 36

Lindley, John, Collectanea botanica, London 1821–1861: S. 140

Lowis, Lena, Familiar Indian Flowers, London 1878: S. 135

Mattioli, Pietro Andrea, De plantis, Frankfurt 1586 (urn:nbn:de:bvb:29-bv009000910-8; UB Erlangen): S. 9, 12, 33, 52, 61,62, 66, 70, 85, 87, 93, 94, 102, 107, 112, 119

Oellinger, Georg, Magnarum Medicinae partium herbariae et zoographiae imagines,Nürnberg 1553 (urn:nbn:de:bvb:29-bv040687699-6 UB Erlangen): S. 164

Paxton's Magazine of Botany and Register of Flowering Plants , London 1841: S. 136

Redouté, Pierre Joséph, Les Liliacées, Paris 1805 (NYPL): S. 143, 144

Redouté, Pierre Joseph, Traité des arbustres, Paris 1801–1819 (NYPL): S. 21

Revue Horticole, Paris 1902, gezeichnet von J.J. Guillot: S. 32

Step, Edward, Favourite Flowers of Garden and Greenhouse, London 1897: S. 139

Sweerts, Emanuel, Florilegium amplißimum, Amsterdam 1641 (urn:nbn:de:bvb:29-bv009519998-4; UB Erlangen): S. 99, 118

Trew, Christoph Jacob, Plantae selectae, Augsburg 1750–1773 (urn:nbn:de:bvb:29-bv009328937-3 UB Erlangen): S. 167

Volkamer, Johann Christoph, Nürnberger Hesperides, Nürnberg 1708 (urn:nbn:de:gbv:3:3-7696 UB Halle): S. 158 und 159

Weinmann, Johann Wilhelm, Phytantoza Iconographia, Regensburg 1734–1745: S. 14, 76, 145

Wilhelm, Gottlieb Tobias, Beschreibung, Anwendung und Abbildung der vorzüglichsten, Arzneypflanzen, Augsburg 1820 (urn:nbn:de:hbz:061:2-153025; UB Düsseldorf): S. 48

Wright, John, The fruit grower's guide, London 1891–1894: S. 153